Fintechs – eine 360° Analyse: Warum Fintech das Ende der Banken sein könnte

Disruptive digitale Geschäftsmodelle von Robo-Advisors, Crowdfunding, Crowdlending, Digital Remittance, Wealthtech, Traveltech, Bitcoin, etc.

Expertengruppe Verlag

Fintechs – eine 360° Analyse: Warum Fintech das Ende der Banken sein könnte

Disruptive digitale Geschäftsmodelle von Robo-Advisors, Crowdfunding, Crowdlending, Digital Remittance, Wealthtech, Traveltech, Bitcoin, etc.

Expertengruppe Verlag

INHALTSVERZEICHNIS

ÜBER DEN AUTOR

Constantin Schäfer lebt mit seiner Familie in Frankfurt am Main.

Nach dem Studium der Volkswirtschaftslehre vor über 20 Jahren war er über 15 Jahre bei verschiedenen Privatbanken im Frankfurter Bankenviertel beschäftigt, ehe er 2012 die Seiten wechselte und seitdem als freier Redakteur und Autor über die Entwicklungen im Deutschen Bankwesen berichtet.

Als Lehrkraft gibt er dieses Wissen zudem nicht nur seinen Schülern und Studierenden weiter, sondern spricht im Rahmen verschiedener Publikationen auch die breite Masse der Menschen in Deutschland an.

Bei seinen Büchern liegen ihm solche Themen besonders am Herzen, deren Auswirkungen in vielen Bereichen der Gesellschaft zu spüren sind, die aber trotzdem weitgehend unbekannt sind. Zudem konzentriert er sich auf Themen, bei denen neben allgemeinen wissenschaftlichen Recherchen auch eigene Erfahrungen mit eingebracht werden können.

Jede seiner Veröffentlichungen basiert daher neben den unverzichtbaren wissenschaftlichen Grundlagen auch auf ganz persönlichen Erfahrungen und Erkenntnissen. So entstehen nicht nur reine sachliche Abhandlungen, sondern praktische Werke mit breitem Wissen und nützlichen Hinweisen, die leicht verstanden und nachvollzogen werden können.

Constantin Schäfer erschafft so leicht zu lesende Bücher, die dem Leser in entspannter und angenehmer Atmosphäre einen Einblick in Themenfelder geben, von denen die meisten wenig wissen, aber von denen jeder einzelne sehr profitieren kann.

So möchte er vor allem Neugierde für Finanzthemen und aktuelle Entwicklungen im Finanzbereich wecken, Vorurteile abbauen und den Leser motivieren, über den eigenen Tellerrand hinaus zu schauen.

VORWORT

Der digitale Wandel ist da. Er bestimmt unseren Alltag, unsere Arbeit und unser Privatleben. Im Jahre 2020 wird selbst den ärgsten Zweiflern bewusst: Das Zeitalter der Mobilität ist endgültig Geschichte. Herzlich Willkommen in der vollendeten Welt des Kommunikationszeitalters! Wenn wir miteinander in Kontakt treten wollen, machen wir das per Videochat und Messenger, Social Media und E-Mails. Das ist nicht nur außerordentlich bequem, sondern auch sehr nützlich. Selbst zum Einkaufen brauchen wir das Haus nicht mehr zu verlassen. Wir können sogar Kredite per App aufnehmen, Häuser online kaufen oder mit dem Smartphone eine Pizza an die Haustür liefern lassen. Unser Einkaufsverhalten hat sich seit der Etablierung des Online-Warenhandels, seit der Einführung von Kreditkarten und der Möglichkeit der bargeldlosen Zahlung grundlegend verändert. Während früher der Gang zum Geldautomaten vor dem Einkauf im Supermarkt ganz selbstverständlich war, reicht heute der Besuch der richtigen Homepage. Bargeldlose Geldtransaktionen ermöglichen dem Kunden heute neue Möglichkeiten an der Kasse. Und bei den großen und kleinen Online-Warenhändlern braucht kein Kunde mehr von der umständlichen Möglichkeit des Lastschriftverfahrens Gebrauch zu machen. Und von der Lieferung auf Rechnung ganz zu schweigen. PayPal und GooglePay machen es möglich: Alles geht ganz schnell, der Betrag auf der Rechnung wird abgebucht und schon ist das Paket auf dem Weg in das heimische Wohnzimmer. Warum ist das alles heute so einfach geworden? Die Antwort heißt Fintech. Auch PayPal und Co. sind unter diesem Sammelbegriff zusammengefasst. Die Definition von Fintech ist jedoch gar nicht so klar definiert, wie wir es vielleicht annehmen möchten. Der Begriff ist eine schlichte Komposition von „Finance" und „Technology" und das allein wirft anhand der Allgemeingültigkeit der Begriffe Fragen auf. Gemeint sind Finanzinnovationen und finanzielle Dienstleistungen unter dem Einsatz von Technologie. Ein weites Feld, nicht wahr? Das ist es tatsächlich.

Da in unserer heutigen Welt nichts mehr ohne die Möglichkeiten digitaler Datenverarbeitung geht und die dynamischen, globalen Finanzmärkte sich dem digitalen Wandel entsprechend angepasst haben, ist vieles machbar, was noch vor 20 Jahren als utopische

Zukunftsmusik galt. Das hat sich geändert: Investitionsmöglichkeiten ohne Limit scheinen heutzutage für jeden möglich. Zumindest in den Bereichen und Sparten, in denen Fintech-Unternehmen agieren. Und das betrifft alle möglichen Nischen, solange es um Geld geht. Bargeldlose Bezahlung, Crowdfunding, Onlinekredite – alles ist möglich, ohne Rücksicht auf die klassischen Hürden, die die etablierten Banken mit sich bringen. Und das ist Chance und Herausforderung zugleich. Denn bei weitem können nicht alle Unternehmen mit dem Erfolgsmodell von „Global Playern" wie PayPal mithalten. Oft sind diese Finanzdienstleister im Internet kleine Start-Ups in einem extrem hart umkämpften Markt, oft mit guten Ideen, aber auch begrenztem Kapital und ebenso begrenztem betriebswirtschaftlichem Know-How. Gnadenloses Scheitern ist ebenso möglich wie globaler Erfolg.

Ganz klar: Im Gegensatz zu den Möglichkeiten der ganz herkömmlichen Bank sind die Fintech-Unternehmen echte Rebellen auf dem Markt. Und die gibt es wie den sprichwörtlichen Sand am Meer: Manche rutschen durch das Sieb, manche schwingen sich zu Revoluzzern der Finanzwelt auf.

Schon immer haben Finanzinstitute verschiedenste Formen der Technologie genutzt, um Kunden für sich zu begeistern. Und wie wir in den nachfolgenden Beispielen sehen werden, begleitet das Thema „Finanzen" und „Technologie" die Menschheit schon seit ihren Anfängen. Doch in den letzten Jahren kam dank Fintech richtig Schwung in das Thema Finanzen. Das Internet und die fortschreitende Digitalisierung macht den Finanzsektor noch transparenter, bedienungsfreundlicher und ein Vielfaches zugänglicher für die breite Masse. Fakt ist: Die Leidtragenden sind immer die Banken, denen durch die Vielfalt neuer, frischer Finanzideen zunehmender Konkurrenzdruck entsteht. Dass das ausdrücklich von Fintechs erwünscht ist, werden wir noch erfahren.

- Kapitel 1 -

EIN VERSUCH DER DEFINITION: „FINTECH" – WAS IST FINTECH?

Um eine ganz weitläufige Definition zu verwenden, ist ein Fintech eine Technologie, die Abwicklungen von Finanzgeschäften auf einfache Art und Weise sowie unter Vernachlässigung klassischer Hürden möglich macht. Eine „Hürde" kann zum Beispiel ein Eintrag bei der Schufa sein. Oder auch einfach der Weg zum nächsten Bankschalter. Das Feld ist im Gesamten betrachtet enorm weit: Es umfasst Überweisungen, Kreditvergabe, Einlagen, Einzahlungen, Investitionen, Versicherungen und vieles mehr. Das sind gängige Begriffe, die wir als Bankkunden im Normalfall ohnehin schon kennen. Die Frage ist also: Wo ist denn hier überhaupt die Neuerung? Die Antwort ist nicht das „was" sondern das „wie". Alle unsere Überweisungen, Kredite, aber auch der Kauf eines ganzen Hauses lässt sich ganz bequem per App auf dem Smartphone oder dem Tablet tätigen. Der Gang zur Bank entfällt, das Gespräch mit dem Kundenberater ebenso. Der Punkt der Innovationen ist, dass erstmals traditionelle Finanzdienstleiter wie Banken von uns Kunden wirklich komplett umgangen werden können. Privatpersonen können beispielsweise bestimmte Summen ganz ohne Umwege direkt Peer-to-Peer und somit von Privatperson zu Privatperson überweisen. Natürlich geht dies auch von einer Privatperson zu einem x-beliebigen Unternehmen. Wir alle kennen große Online-Warenhäuser wie Amazon und eBay. Und dieser Online-Einkauf läuft international ab, ohne Rücksicht auf Landesgrenzen und Zeitzonen. Wir können online bei unserem Nachbarn einen privaten Einkauf tätigen, wenn dieser sein Fahrrad verkauft oder gleich ein Auto in China ordern. Mit dem nötigen Kleingeld ist das machbar und das in Echtzeit. Und ohne jeden Stillstand. Denn die Devise von Online-Händlern und Fintech lautet: Höher, schneller, weiter. Mit immer neuen Ideen wird trotzig gegen die alten und manchmal eingeschlafen wirkenden Arbeitsweisen der Bankinstitute und „Offline-Händler“ angekämpft. Das bietet auch im ideellen Sinne Möglichkeiten. Fintech-Produkte sind die ideale Möglichkeit für diejenigen, die die Riesen der Finanzbranche umgehen wollten, und die eine alternative und persönliche Form der privaten

Finanzverwaltung suchen. Guerilla-Kapitalismus sozusagen. Dennoch: Auch manches Fintech-Unternehmen steht von Größe und Kapital her einer Großbank in nichts nach. Manche Anbieter sind mittlerweile auch an der Börse notiert. Ein Zeichen, dass Fintech zunehmend „salonfähiger" wird.

Dass eine ultimativ klare Definition von Fintech nicht möglich ist, kann als Vorteil gewertet werden. Denn das generiert ein ungeheures Maß an kundenorientierter Flexibilität. Die Definition von Fintech steckt eine Idee nicht in ein starres Korsett und Fintechs versteifen sich nicht auf einen bestimmten Bereich. Strikte Festlegungen sind mal mehr, mal weniger gesetzt. Ein Beispiel: Populäre Fintechs wie Opendoors aus den USA haben sich als Plattform zum Kauf und Verkauf von Immobilien einen großen Namen gemacht. Der Erfolg spricht zumindest für sich. Andere Anbieter lassen sich nicht derart festnageln. So gibt es beispielsweise Apps von Fintech-Unternehmen in Asien, mit denen zwar auch ein Haus gekauft werden kann – aber eben auch eine Pizza. Sie sehen: Kaum etwas ist unmöglich in der großen, neuen und bunten Welt der Fintech-Dienstleister. Auf den folgenden Seiten möchte ich Ihnen einen Einblick in diese Welt gewähren, ausgewählte Beispiele untersuchen und den Einschlag von Fintech auf die Finanzwelt darstellen.

(FIN)TECHNOLOGIE IST ÜBERALL

„Sammeln Sie Punkte?“ – diese Frage an der heimischen Supermarktkasse kennt wohl jeder, der regelmäßig einkaufen geht. Das Prinzip dahinter ist den meisten ebenfalls geläufig. Je nach Höhe der Summe des Einkaufes gibt es „Punkte“ zum Beispiel auf eine Scheckkarte, die der Kunde im idealen Fall in seiner Tasche beim Shopping dabei hat. Dieses Punktesystem dient zunächst der Kundenbindung und -analyse. Das funktioniert so ähnlich wie an der Losbude auf dem Rummelplatz. Auch dort werden erspielte Punkte gegen Sachwerte eingetauscht. Der Unterschied ist nur der, dass sie erkauft werden müssen und Glück keine Rolle spielt. Ein gewisser prozentualer Anteil der Einkaufssumme wird gutgeschrieben und lässt sich meist online gegen Sachwerte eintauschen.

Dieses System ist im Einkaufsalltag bereits recht gut etabliert. Gerade Anbieter wie Payback genießen in Deutschland einen hohen Bekanntheitsgrad. Laut der Fachzeitschrift Handelsjournal können 99 Prozent der Deutschen mit der Marke Payback etwas anfangen.

Das ist ziemlich gigantisch und ein Zeichen für gelungenes Marketing.

Wie gesagt: Dort, an der Supermarktkasse, kommt der Kunde also mit einem System in Kontakt, das nach einem getätigten Einkauf eine Gegenleistung in Form eines Sachwertes verspricht. Und so bekommt der Kunde etwas zurück – das ist attraktiv und der Aufwand denkbar gering. Meist muss sich zunächst für das System registriert werden, dann wird eine kleine Scheckkarte zugesandt und es kann sogleich losgelegt werden. Und da sind wir schon beim Thema Fintech. Denn wir sprechen hier bereits von einer Form der Finanztechnologie. Warum das so ist, ist schnell erklärt. Es geht um Finanzen, nämlich die des Kunden, also vereinfacht gesagt das Geld auf seinem Bankkonto und die Scheine in seinem Portemonnaie. Den Gegenstand, den Sie mit ihren gesammelten Punkten „erwerben“, hätten Sie schließlich auch mit Bargeld im Laden nebenan kaufen können. Ob Sie den Gegenstand nun wirklich besitzen wollen oder nicht, ist eine andere Frage. Selbstverständlich könnten Sie auch in den Laden gehen und dort mit Ihrer Bankkarte bargeldlos bezahlen. Das wäre doch auch viel praktischer (und wahrscheinlich auch billiger) als über ein Punktesystem zu gehen. Also geht es doch ganz ohne Finanztechnologie? Nein, denn jetzt kommt es: Sogar Ihr Bankkonto an sich ist schon ein Teil des großen Fintech-Universums. Anfassen können Sie Ihr Konto ja nicht wirklich, Ihr Geld wird schließlich digital verwaltet.

Lassen wir das doch anhand eins Beispiels einfach wirken. Stellen Sie sich dieses Szenario einmal vor: Beim Blick in den heimischen Küchenschrank fällt einer Person, nennen wir sie schlicht Kunde A auf, dass es dringend notwendig wäre, sich eine neue Pfanne anzuschaffen. Wichtig zu wissen: Kunde A geht einer geregelten Arbeit nach. Jeweils zum Ende eines Monats erfüllt sein Chef seine Pflicht und zahlt das Gehalt des Kunden A in bar auf das Konto des Kunden A ein. Und schon jetzt klingt es komisch, nicht wahr? Die Vorstellung, dass ein Arbeitgeber noch mit einem Bündel Geldscheinen oder sogar einer Lohntüte zur Kasse geht, wirkt auf uns einfach völlig veraltet. Bleiben wir dennoch bei dieser Idee. Der Bankangestellte nimmt das Geld also entgegen und deponiert es in einem speziellen Raum, in einem Tresor oder einem Schließfach. Kunde A geht nun mit dem Vorsatz, in

Kürze eine neue Pfanne zu erstehen, ebenfalls zur Bank und möchte, dass der Angestellte des Institutes ihm Geld in bar aushändigt.

Dies kann Kunde A auf zweierlei Art bewerkstelligen: Entweder der Angestellte erkennt ihn prompt und kann – auf Sicht sozusagen – gewissenhaft behaupten: „Das ist Kunde A, er darf über dieses Geld verfügen.“ Oder er lässt sich ein behördliches Dokument zeigen, dass die Identität von Kunde A ohne Zweifel bestätigt. Das geschieht folgerichtig und der Personalausweis wird gezückt. Nun wird Kunde A eine Summe nennen, die er für den Kauf einer Pfanne benötigt. Der Bankangestellte geht schließlich in den Tresorraum, an das Schließfach oder einen sonstigen Ort, wo das Bargeld deponiert wird. Dort zählt er die gewünschte Summe ab und händigt sie Kunde A aus. Dieser wiederum geht nun in das Geschäft, in dem die Pfanne seiner Wahl angeboten wird und ersteht das Küchengerät mit dem just erhaltenen Geld. Der Verkäufer der Pfanne freut sich darüber und bringt am Tagesende den Umsatz, den sein Laden abgeworfen hat, zur Bank. In bar, versteht sich. Dort spielt sich die gleiche Szene ab, wie es bei dem Chef von Kunde A der Fall war. Der Bankangestellte nimmt das Bargeld entgegen und verschließt es sorgfältig wieder in einem speziellen Raum, Tresor, Schließfach etc.

Diese Prozedur wiederholt sich tagtäglich, immer und immer wieder. Und: Wir machen das häufiger, als es uns vielleicht bewusst sein mag. Klingt eigentlich ziemlich kompliziert, oder? So haben wir uns nun einen ganz alltäglichen Vorgang ganz ohne Fintech angeschaut. Und Fintech-Unternehmen haben sich auf die Fahne geschrieben, dass so etwas nicht mehr vorkommt. Diese komplexen Vorgänge zu erleichtern, ist unter dem Strich auch im Sinne des Kunden oder sollte es zumindest sein. Schließlich kann er sich mit modernen (vor allem digitalen) Finanzlösungen einiges sparen. Vielleicht nicht auf den ersten Blick echtes Geld, aber sicherlich Zeit.

Diese Art im Umgang mit Bargeld, Konten und Einkäufen ist heute schlicht undenkbar und mag vielleicht noch am Anfang des vorherigen Jahrhunderts Standard gewesen sein. Dass der Chef das Geld noch in bar vorbeibringt, ist natürlich heute absolut abwegig. Heute betrachten wir solche Abläufe als nicht mehr zielführend, denn sie sind weder praktisch, noch schnell. Durch das permanente Hantieren mit Bargeld entsteht übrigens auch Unsicherheit. Wer mit einer beträchtlichen Summe unterwegs ist, läuft Risiko, diese zu verlieren. Das haben die Banken ebenfalls erkannt, Fintech-Unternehmen brauchten wir dazu nicht. Diese Unsicherheit ist übrigens kein Phänomen der Neuzeit. Aber das werden wir später noch erfahren.

Wir verorten diese angestaubten Vorgänge ganz zwangsläufig in Zeiten, die wir aus Filmen kennen und mit einem Bank- und Postkutschenraub in Verbindung bringen. Warum blicken wir nun auf solch veraltete Vorgänge zurück, wenn es doch um moderne Finanztechnologie gehen soll? In dem vorliegenden Fall des Kunden A kam die ganze Abwicklung der Prozedur von erhaltenem Geld (Gehalt), übergebenem Geld (Bankschalter) und abgegebenem Geld (Einkauf) nämlich völlig ohne Technologie aus. Nicht einmal einen Taschenrechner haben wir die Beteiligten benutzen lassen. Wir sind also ganz, ganz weit von Fintech entfernt. Und schnell kommen wir zu der Einsicht, dass wir heute so kaum mehr leben, beziehungsweise einkaufen wollen. Müssen wir ja zum Glück auch nicht.

Halten wir doch nun ein zweites Szenario dagegen, ein Szenario, das etwas mehr in Richtung Technologie geht. Auch hier lassen wir einen Menschen auf die Suche nach einer neuen Pfanne gehen. Sein oder ihr Name sei Kunde B. Da Kunde B Nutzer eines Internetanschlusses ist, weiß er ziemlich genau, welche Sonderangebote es bei seinem bevorzugten Anbieter des oben erwähnten Punktesystems gibt. Siehe da: Für eine spezielle Anzahl seiner gesammelten Punkte gibt es eine neue Pfanne. Das Angebot ist somit für Kunde B sehr interessant. Da er sich um seinen Punktestand auf seinem vor einiger Zeit abgeschlossenen Vertrag (das geht natürlich online) bewusst ist, ist er von einer Pfanne nicht mehr weit entfernt. Nur ein haushaltsüblicher Einkauf im Supermarkt um die Ecke trennt Kunde B vom Bratgerät. So zeigt er flott seine Scheckkarte des jeweiligen Punktesystems nach dem getätigten Einkauf, der praktischerweise mit GiroPay bezahlt werden kann. GiroPay ist, aber das nur am Rande, eine relativ neue Form des bargeld- und kontaktlosen Bezahlens. Die nötige Zahl an Punkten wäre somit gesammelt und Kunde B kann sich für eine bestimmte Summe dieser Sammelpunkte sein gewünschtes Produkt – die Pfanne – ordern. Das

Küchenutensil kommt dann prompt per Paketlieferservice. Hier haben wir folglich eine Menge Technologie im Spiel. Aber auch schon Fintech? Geht so. Die absolute Fintech-Variante wäre bei Kunde C der Fall. Wir machen es schnell: Kunde C geht gezielt auf die Suche nach der Pfanne, aber diesmal direkt online, zum Beispiel bei Amazon. Produkt gesucht, gefunden, bezahlt. Aber mit PayPal. Und wieder kommt die Pfanne per Post. Schneller und unkomplizierter geht es nicht.

Im Ganzen haben wir drei Beispiele betrachtet: Die Anti-Fintech-Version, die „ein bisschen"-Technologie-Version und zum Schluss den vollendeten Fintech-Prozess.

Was unterscheidet nun die drei verschiedenen Prozesse des Einkaufens beim Kunden A, Kunden B und Kunden C? Eigentlich alles, bis auf die Tatsache, dass alle drei nun endlich ihre neue Pfanne haben. Bei Kunde B ist der Weg zur Pfanne ein Vorgang unter dem Einsatz einiger Finanztechnologie. Kunde B hätte mittlerweile sogar seinen Einkauf beim Supermarkt online tätigen und sich seine Einkäufe liefern lassen können. Tatsächlich beschreibt dieses nicht das

Einkaufsverhalten des normalen Bürgers. Zumindest noch nicht. Kunde C toppt es natürlich – er ist der ideale Käufer aus der Sicht eines Fintech-Anbieters. Alle drei Beispiele zeigen deutlich auf, dass dem Einsatz von Fintech fast keine Grenzen gesetzt sind – gerade im privaten Bereich. Und es ist heutzutage problemlos möglich, die Pfanne durch alles Mögliche zu ersetzen: Haus, Auto, Reise, Versicherung... und sogar Pizza.

Wir befinden uns gerade mitten in einer rasanten Entwicklung. Aber es gibt im Alltag durchaus noch die gesamte Bandbreite der Kundentypen, die wir in den vorherigen Beispielen betrachtet haben. Das gilt sogar für Kunde A, wenngleich dieses Exemplar auch immer seltener wird. Aber auch bis zum heutigen Stand war es durchaus ein langer Weg. Wer nun denkt, finanzielle Technologie kann nur digital funktionieren, der irrt sich. So sind auch ganz physische Sammelsysteme denkbar. Zum Beispiel mit Klebemärkchen oder Stempeln. Dies würden wir wohl kaum mit Fintech in Verbindung bringen. Und dennoch ist es so – nur entspricht die „Technologie“, mit Rabatt-Aufklebern zu arbeiten, nicht mehr unserer heutigen gesellschaftlichen Definition von „Technologie“. Aber diese Zeit gab es eben nun einmal und Stempelchen und

Klebemärkchen waren einmal eine wirklich innovative und hypermoderne Entwicklung, die die Kunden zum Kauf bewegten. Und vielleicht haben wir in unserem ersten Beispiel den Kunden A etwas zu angestaubt betrachtet. Denn ehrlich gesagt fingen die ersten Schritte in Sachen Fintech schon vor vielen Jahrhunderten an, genauer gesagt im Mittelalter. Und dagegen war die Variante des Kunden A doch schon ziemlich postmodern – nur eben nicht in der jetzigen Zeit. Fakt ist: Er benutzt ein System, das es immer noch gibt. Schließlich hat er seinen Wunsch, die Pfanne zu kaufen, wahr machen können, auch wenn es umständlich war. Trotz der Mühen sprechen wir hier also von einem etablierten System.

„HÖHER – SCHNELLER – WEITER“

Wie Sie sehen, hat Fintech ein grundlegendes Ziel: Gewohnte Abläufe vereinfachen und mit etablierten Systemen konkurrieren. Fintech ist eine neue Erscheinung innerhalb der gigantischen Finanzindustrie, die mit neuer Technologie diese Möglichkeiten einer breiteren Masse zugänglich machen möchte. Dabei werden verschiedene Ansätze betrachtet und verfolgt: Fintech-Unternehmen können neue Produkte, Prozesse, Anwendungen oder Produkte bereitstellen. Signifikant ist, dass die Prozesse immer häufiger von „Kopf zu Kopf“ ablaufen – und dies natürlich online. Also direkt vom Verkäufer zum Käufer und umgekehrt oder vom Kreditnehmer zum Kreditgeber.

Allzu streng ist der Begriff Fintech, wie wir bereits erwähnt haben, nicht definiert. Er beschreibt lediglich jede Form von technischer Idee, die Finanzprozesse erleichtert, vereinfacht oder verbessert. Fintech ist somit ein moderner Begriff für etwas, dass es eigentlich schon immer gab. Denn verbessert und vereinfacht wird immer. Und das klingt wie ein Garant für Erfolg. Gemäß dem „Schneller – besser – weiter“-Prinzip lieben Kunden alles das, was das Leben einfacher, zielgerichteter und zügiger macht. Eine Finanztechnologie muss diese Begriffe stets in sich vereinen. In manchen Fällen ist die Ersparnis an Aufwand enorm und kommt einer kleinen Revolution gleich. Gerade dann, wenn es um notwendige Dinge wie Überweisungen geht. Denn was ist wohl angenehmer? Zum Bankschalter laufen oder einfach mit ein paar Klicks von der heimischen Couch eine Summe X überweisen? Subjektiv betrachtet kennt logischerweise jeder die Antwort. Aber es gibt ein „falls" in der ganzen Geschichte. Denn Fintech-Apps haben zwar den Vorteil der Praxistauglichkeit, aber manchmal (noch) den Nachteil des mangelnden Vertrauens.

Der Bank vor Ort vertrauen wir in der Regel, wir kennen den Berater hinter dem Schalter, haben ein Gesicht vor Augen, es ist eine Person aus Fleisch und Blut mit einem Namen. Diese Person kann direkt angesprochen werden und wir können uns Fragen beantworten lassen oder um Hilfe bitten. Geht das bei einer Firma mit Sitz im Silicon Valley auch, bei der offene Fragen von irgendeiner Person an irgendeinem Ort auf der Welt aus einem Call-Center heraus beantwortet werden sollen? Manche Unternehmen verzichten auch schon auf diesen Service und stellen dem fragenden Kunden nur noch einen Chatbot an die Seite, der automatisiert Fragen beantwortet.

Für viele Menschen ist diese Vorstellung nicht ideal oder sogar sehr ungemütlich. Sie sorgt für ein Defizit in Sachen Vertrauen. Und das ist wichtig, denn es geht um Geld. Aber diese Einstellung ist auch eine Frage der Zielgruppe und somit ein ideologischer Konflikt zwischen Generationen. Junge Menschen haben weitaus weniger Skepsis gegenüber neuen Technologien. Das klingt nun sicher wie eine Floskel – ist es aber nicht. Gerade, wenn es um die eigenen Finanzen geht, ist die Hemmschwelle bei der Benutzung von Finanzapps und Tools in jüngeren Altersgruppen durchaus niedriger als es bei der elterlichen Generation der Fall wäre. Im weiteren Verlauf werden wir auch von Fintech-Projekten erfahren, bei denen etwas Zweifel angebracht gewesen wäre. Aber auch dazu werden wir später mehr hören.

- Kapitel 2 -

AM ANFANG WAR DIE INNOVATION: DIE URSPRÜNGE VON FINTECH

EIN SCHRITT NACH VORNE: DER WECHSELBRIEF

Stellen Sie sich einmal folgende Situation vor: Im ganz tiefen Mittelalter des 13. Jahrhunderts möchte ein Kaufmann oder gut situierter Bürger eine Reise nach Italien unternehmen. Nehmen wir an, dass sich an einem Umstand in Sachen Verreisen bis heute nicht viel geändert hat und wir eine Sache grundsätzlich vergessen, bevor wir den Koffer packen. In unserem Fall hat unser Reisender schlicht den Umstand vergessen, dass im Ausland jeweils mit der landestypischen Währung zu zahlen ist. Schon zu damaligen Zeiten gab es Wechselstuben, die ganz ähnlich wie die heutigen Versionen nach dem gleichen Prinzip wirtschaftlich arbeiten – nur eben nicht flächendeckend und überall. Aber der Reisende hatte in diesem Fall Glück, denn das Ziel des Trips war schließlich Italien. Die dortigen Geldwechsler waren kreative Unternehmer und echte Pioniere in Sachen Innovation und somit Wegbereiter in Richtung unserer heutigen Definition von Fintech.

Die italienischen Geschäftsleute erfanden den so genannten Wechselbrief und somit eine erste und frühe Form des Wertpapiers. Die Funktionsweise war recht simpel und trotzdem auf eine gewisse Art und Weise grauenhaft komplex. Grundsätzlich gilt: Der Wechselbrief war ein Mittel zum Zahlungsverkehr zwischen zwei Personen, die sich an verschiedenen Orten aufhielten. Das klingt an sich sehr leicht, war aber an viele Bedingungen geknüpft. Der Brief bevollmächtigte die Auszahlung einer bestimmten Summe ausländischer Währung an einem bestimmten Ort und zu einer bestimmten Zeit an eine ganz bestimmte Person. Zuvor musste diese Summe jedoch am Heimatort des Reisenden bezahlt worden sein (das heißt, in der jeweiligen Währung des Heimatlandes). Aber auch das war kein zwingendes Muss: Die Summe konnte auch als Kredit empfangen werden, die

Wechselstuben legten somit die Grundlage für die moderne Definition des Kreditinstitutes. Meist, aber nicht immer, waren diese Wechselbriefe von irgendeiner Amtsperson beglaubigt. Und das „meist" im Satz davor führte zwangsläufig zu einigen Reibereien, da der Wechsel oft für eine der jeweiligen Parteien nachteilig klang. Außerdem war das Mittelalter nicht unbedingt als Zeitalter flexibler und transparenter Bürokratie bekannt. Aber der Wechselbrief hatte für die Beteiligten einen absolut überzeugenden Wert. Das Geld musste nicht mehr in bar mit sich geführt werden. Der Wechselbrief war somit ein Garant für Sicherheit.

Ein Zentrum des abendländischen Handels zu jener Zeit war Italien und bereits im 13. Jahrhundert fanden dort Messen statt. Dort gab es viel Geld zu verdienen. Aber auch zu verlieren. Da der Weg durchaus lang und strapaziös war, konnte sich die sack- und truhenweise Mitführung von Münzen gespart werden und so wurde – trotz der erwähnten Komplexität – auf die Alternative des Wechselbriefes gesetzt. Denn überall gab es kriminelle Gestalten, die es auf diese Geldsäcke abgesehen hatten. Da der Wechselbrief weder irgendwo, noch von irgendwem eingelöst werden konnte, nützte der Besitz der Räuberschar herzlich wenig. Vergleichbar ist das heute mit einem Sparbuch. Können Sie sich nicht als Besitzer eines Sparbuchs ausweisen, bringt Ihnen auch das physische „Buch“ nichts. Geld gibt es dann keines von der Bank. Mit dem Wechselbrief war auf eine ganz besondere Art die erste Form von Fintech geboren. Zumindest auf eine sehr spezielle, aber für die damaligen Zeiten hochmoderne Weise. Damit ist jedoch nicht die Prozedur des Wechselns oder das Wertpapier als solches gemeint. Sondern der Einsatz von Technologie, die zu diesem Wissensstand nicht mehr war, als der beschriebene Brief selbst. Denn der Wechselbrief garantierte wie bereits erwähnt reale Sicherheit. Durch die Innovation, nicht mehr während einer mehrere Wochen dauernden Reisen massenhaft Bargeld mit sich zu führen, entstand den Nutzern ein faktischer Vorteil. Das „Tech“ ist hier schlicht und ergreifend Papier und Tinte. Für die damaligen Zeitgenossen muss dies eine wirkliche Neuheit und ein absolut modernes Instrument gewesen sein.

Hand aufs Herz: So wirklich neu war die Idee „Papier gegen Geld“ nicht. Diese einfache Form der finanziellen Transaktion war schon antiken Völkern wie den Babyloniern geläufig. Doch davon konnten die einfachen Bürger des Mittelalters kaum etwas wissen, denn die Kenntnisse über finanzielle Abläufe vergangener Epochen wie der Antike zählten nicht zum Standardrepertoire der landläufigen Allgemeinbildung. Dass ähnliche Scheinsysteme auch bereits vor tausenden Jahren im privaten Rahmen existierten, fanden erst neuzeitliche Forscher heraus.

Das Problem der mangelnden Bildung war auch bei der Verbreitung des Wechselbriefes von Bedeutung und der Grund, warum die einfache Bevölkerung dieses „Tool" eigentlich nie zu Gesicht bekam. Kaum ein Bewohner Europas war des Schreibens mächtig und musste den Wechselbrief wohl für ein finanzielles Accessoire der High-Society gehalten haben. Falls ihm oder ihr überhaupt die schiere Existenz bewusst war. Somit war der Wechselbrief keine Option für die breite Masse, sondern außerordentlich exklusiv. Außerdem kam der normale Bürger wohl kaum in den Genuss, solche Summen anzuhäufen, die die Verwendung von Wechselbriefen überhaupt notwendig machen würde. Und das Reisen an sich war den Mitgliedern des Adels und gut situierten Kaufleuten vorbehalten. Kam der einfache Mann zu der Erfahrung, die Grenzen seines Landes zu verlassen, dann gelang ihm das höchstens als Soldat in einer der zahlreichen kriegerischen Auseinandersetzungen. Und zu diesem Anlass wurde wohl kaum das gesamte Ersparte mitgenommen. Alltäglich war der Einsatz des Wechselbriefes somit nicht, aber er verbreitete sich dennoch quer über den Kontinent in den entsprechenden Händlerkreisen. Belegt ist der erste Wechselbrief in Palermo im Jahre 1207, in Lübeck tauchte er erst 1290 auf. Diese Wechselbriefe waren über viele Jahrhunderte im Einsatz und das Mittel im mittelalterlichen, internationalen Finanzverkehr. Auch wenn sich nun darüber streiten ließe, ob die Verwendung von beschriebenem und beglaubigtem Papier der Definition von „Tech“ entspricht, war der Wechselbrief eine Finanzinnovation und damals vor 800 Jahren die Spitze der finanziellen Hochkultur.

Die Logik dahinter ist klar: Ohne Innovation keine Technologie und ohne Finanzinnovation keine Finanztechnologie. Am Anfang steht stets die Entwicklung, die Idee, die dann mit einer technologischen Form umgesetzt wird. Bedeutsam ist auch, dass sich Innovationen weiterentwickeln – eben so, wie es der technologische, aber auch gesellschaftliche Fortschritt zulässt. Der Wechselbrief ist diesbezüglich ein gutes

Beispiel. Denn die italienischen Händler erschufen mit ihrem Wechselbrief die Grundlage für ein finanzielles Instrument, das – auch wenn das Konzept in Ländern wie Deutschland etwas angestaubt ist – heute noch weit verbreitet ist: Den Scheck.

VOM WECHSELBRIEF ZUM SCHECKHEFT

Wir kennen die Szene doch alle aus Spielfilmen: Ein schneidiger Geschäftsmann im feinen Anzug hat eine finanzielle Schuld zu begleichen. Kein Problem, denn ein Griff in die Innentasche des Jacketts genügt. Zum Vorschein kommt ein Heftchen voller weißer Scheine. Schnell wird eine Summe X eingetragen, unterschrieben und derjenige, der das Papier erhält, kann sich glücklich schätzen. Denn er oder sie hat soeben einen Scheck erhalten. Doch was ist das eigentlich? Der Duden hat auf diese Frage eine passende Antwort: „Der Scheck ist Anweisung (auf einem speziellen Formular) eines Kontoinhabers an seine Bank, zulasten seines Kontos einen bestimmten Geldbetrag [an einen Dritten] zu zahlen". So heißt es dort ganz wortwörtlich. Aber was ist der Unterschied zu einem Wechselbrief? Im Prinzip ist der Ablauf doch haargenau gleich, oder? Stimmt, wenn nur ein kleines Wort nicht wäre: Und das lautet „Konto". Ein Konto ist nämlich an ein bestimmtes Geld- oder Kreditinstitut gebunden. Im Normalfall darf sich derjenige an diesem Konto bedienen, der auch der Inhaber des Kontos ist. Dabei ist davon auszugehen, dass das vorhandene Geld auf dem Konto auch dem Kontoinhaber gehört. Bei einem Scheck ist das etwas anders. Der Scheck berechtigt einen Empfänger, sich an dem vorhandenen Kapital eines anderen – dem Aussteller des Schecks nämlich – zu bedienen. Die Legitimation für diese Handlung erfolgt durch eine besondere Eigenschaft. Der Scheck gilt als Urkunde, das heißt, dass sie rechtlich bindend ist. Diesem Umstand kommt eine besondere Bedeutung bei, zum Beispiel, wenn es um den Rechtsbegriff des Scheckbetruges geht. Beim Wechselbrief war die Definition ein wenig anders. Er galt als ortsgebundene Zahlungsanweisung. Und auch die „Amtlichkeit" war beim Brief im Gegensatz zum Scheck zwar erwünscht, aber nicht immer gegeben. Wurde betrogen, hatte der Einlöser das Nachsehen.

Der Scheck ist und war somit ein Mittel des Zahlungsverkehrs zwischen einem Aussteller und einem Zahlungsempfänger. Die Bank, bei der der Aussteller ein Bankkonto oder einen entsprechenden Kreditrahmen besitzt, ist zur Mitsprache berechtigt. So kann das Geldinstitut zum Beispiel die Auszahlung verweigern, wenn entsprechende

Gründe vorliegen. Zum Beispiel dann, wenn der hinterlegte Betrag auf dem Konto nicht ausreicht und durch die Auszahlung eine Überziehung des Kontos nicht zu vermeiden wäre. Um diese Form von Komplikationen zu vermeiden, wurde der so genannte Garantiescheck eingeführt, der dem Zahlungsempfänger die Auszahlung einer festgelegten Summe zusichert. Trotz dieser Sicherheitsmaßnahmen ist die große Zeit des Zahlungsverkehres per Scheck längst vorbei, ganz besonders in Deutschland. Hier wird die Ausstellung eines Schecks manchmal mit einem Mangel an Seriosität in Verbindung gebracht, denn die Zahlungsmethode gilt durchaus als unüblich. Auch wenn der Vorgang an sich ganz und gar nicht unseriös ist. Viel gewohnter sind wir die Transaktionsform der Überweisung, der im Grunde ein hohes Maß an Sicherheit attestiert wird. Wir kennen den Einsatz des Schecks somit oft nur aus Erwähnungen oder Darstellung in Filmen, die oftmals nicht in der heutigen Zeit spielen. Dass die in Deutschland vorherrschende Meinung über den Scheck keinesfalls dem globalen Standard entspricht, wissen wir aus Übersee. So ist die Bezahlung von Angestellten in den USA per Scheck („paycheck“)

durchaus gängig, ganz besonders im eher niedrigen Lohnsektor. Vertrauensdefizite gibt es hier kaum und der Scheck gilt als ein ganz normales Zahlungsmittel.

Eine besondere Form des Schecks ist – oder vielmehr war – der Reisescheck oder etwas kosmopolitisch auch Travellerscheck genannt. Im Grunde genommen handelt es sich bei dem Schriftstück um einen ganz herkömmlichen Scheck, der jedoch eine bestimmte Funktion hat. Er dient dem Bezug von Bargeld im Ausland in der jeweiligen Landeswährung. Somit gleicht das Funktionsprinzip wieder dem des Wechselbriefes aus dem Mittelalter mit einer ziemlich beachtlichen Übereinstimmung. Aber: Der Travellerscheck war um ein Vielfaches moderner, seriöser und vor allem legitimiert. Während damals eher Gelder auf Gutdünken und einer Basis des Vertrauens ausgezahlt wurden, lag dieser Form des Bezugs von Devisen ein breites Netzwerk von teilnehmenden Banken und Staaten als Basis zu Grunde.

Das Prinzip der Sicherheit wurde durch eine doppelte Unterschrift garantiert. Bestellte sich ein Bankkunde bei seinem bevorzugten Kreditinstitut in der Heimat einen solchen Scheck, musste er bereits dort signiert werden. Die Unterschrift wurde schließlich ein zweites Mal fällig, wenn der Besitzer des Schecks in seiner Zieldestination am Bankschalter Geld in seiner physischen Form beziehen wollte. Außerdem musste der Einlösende des Travellerschecks entweder seinen Reisepass oder ein sonstiges amtliches Papier vorzeigen. Hier sind wir gleich wieder bei der Innovation, den die Form des Schecks mit sich bringt.

Der Benutzer des Reiseschecks musste kein Bargeld mit sich führen, das – je nach Reiseland – erhebliche Vorteile in puncto Sicherheit mit sich brachte. Denn ebenso wie bei dem Wechselbrief des Mittelalters war eine Auszahlung ohne Unterschrift an Dritte nicht möglich. Ein Diebstahl würde sich somit nicht lohnen. Denn bereits der Versuch wäre gleich zweimal strafbar: Zunächst wäre es ein „einfacher" Diebstahl, da versucht wird, sich an dem Geld anderer zu bedienen. Außerdem müsste beim Versuch der Einlösung die Unterschrift imitiert werden. So läge ein Fall von Urkundenfälschung vor. Spätestens bei der zusätzlichen Vorlage des Ausweises wäre der illegale Deal dann endgültig geplatzt und die Strafe im Normalfall ausgesprochen saftig.

Nicht nur diese Abschreckung brachte Sicherheit. Der Reisende konnte und musste den Scheck in einem seriösen Institut eintauschen und war nicht von Wechselstuben mit schlechten Kursen abhängig.

Insbesondere bei Personen, die regelmäßig die Welt bereisten, erfreuten sich die Reiseschecks einer großen Beliebtheit als praktischer Bargeldersatz. Denn das Papier hatte einen weiteren Vorteil: Es war zeitlich ungebunden und lief somit nicht ab. Es hatte also kein Verfallsdatum. Bei herkömmlichen Schecks war das nicht der Fall. Ebenfalls war es möglich, den Reisescheck wieder bei seiner Heimatbank zurückzugeben, falls wider Erwarten doch kein Bedarf zum Bezug ausländischer Währungen bestand. Beispielsweise dann, wenn die Reise ausfiel.

Daraus ergibt sich ein weiterer Unterschied zum normalen Scheck. Während der Scheck den Einlösenden berechtigt, sich am Konto des Ausstellers zu bedienen, ist der Reisecheck quasi bereits bezahlt worden. Davon lebten schließlich die Banken, denn bei der Ausstellung fielen entsprechende Gebühren an. Deshalb ist die Betrachtung des

Reiseschecks als Innovation gleich doppelt gerechtfertigt: Der Reisecheck kann als frühe Form der Prepaid-Karte oder Debit-Karte bezeichnet werden. Aber das Prinzip ist sehr vergleichbar und das Risiko für Bank und Kunde sehr viel geringer als es bei einem Scheck der Fall wäre. Letztendlich bestand die einzige Herausforderung darin, eine angemessene Summe auf seinen Reisescheck zu „laden". Etwas Planung in Bezug auf die wirkliche Menge an Bargeld, die im Ausland benötigt wurde, war daher essentiell. Überzogen werden wie ein Girokonto konnte der Reisescheck nicht.

Aber nicht jede Währung konnten Weltenbummler über den Reisescheck beziehen. Die Währungen der großen Industrienationen wie US-Dollar, Deutscher Mark, Yen, Pfund Sterling sowie dem kanadischen und australischen Dollar waren grundsätzlich akzeptiert und abgedeckt. Bei Reisen in andere Länder mit anderen Währungen war die Möglichkeit zur Einlösung nicht immer gewährleistet.

Dass der Reisescheck seinen Siegeszug um die Welt antreten konnte, ist dem Reiseunternehmer Thomas Cook zu verdanken. Das Reiseunternehmen, dessen

Name sich bis ins 21. Jahrhundert nicht änderte, machte nicht nur durch die Erfindung des Vorläufers des Reisechecks Schlagzeilen: Im Herbst des Jahres 2019 beantragte das Unternehmen die Zwangsliquidation – ein herber Schlag für die Reisebranche. Aber im Jahr 1874 waren bei Thomas Cook die Zahlen noch schwarz und die Zeit war reif für eine Innovation. Es wurden die „Circular Notes" genannten Umlaufscheine eingeführt. Aus dieser Idee entwickelten sich die später so beliebten Reisechecks, die eine weiterentwickelte Version darstellten und aus dem Hause American Express kamen. Mit der bereits erwähnten Methode des Gegenzeichnens wurde ein solcher Scheck zum allerersten Mal in vollendeter Form im Jahre 1891 ausgestellt. An der Funktionsweise änderte sich nichts, sie wurde im Laufe der Jahre nur verbessert. So waren in den 1950er Jahren Reisechecks vollumfänglich standardisiert. Trotz seiner eigentlichen Praxistauglichkeit verdrängten andere Finanzinnovationen den Reisescheck.

Die Vorherrschaft auf dem Finanzmarkt währte trotzdem über ein Jahrhundert. Aber dann wurde die Luft für den Reisescheck dünner. Denn das

Aufkommen neuer Bezahlmöglichkeiten brachte die unangefochtene Vormachtstellung der Reiseschecks arg ins Wanken. Die größten Gegenspieler waren zunächst die Kreditkarten gefolgt von den Euroschecks. Schließlich verschwand der Reisescheck durch die Währungsreform in Europa in der absoluten Bedeutungslosigkeit. Der Euro wurde am 1. Januar 2002 in den Teilnehmerstaaten der Europäischen Union als Bargeld eingeführt. Reisende innerhalb der Eurozone brauchten Reiseschecks somit schlicht und ergreifend nicht mehr. Wurde vormals noch von Deutscher Mark in italienische Lira und französischer Franc in den österreichischen Schilling getauscht, wurde nun überall mit den gleichen Münzen und Scheinen bezahlt.

Der Markt reagierte: 2005 stellte Thomas Cook den letzten Reisescheck aus, 2015 zog American Express nach und nahm diese Form des Bargeldersatzes für das Ausland aus dem Servicesortiment und somit vom Finanzmarkt. Im gleichen Jahr wurde der letzte Reisescheck ausgestellt, interessanterweise durch American Express und somit von dem gleichen Anbieter, der die flächendeckende Verbreitung dieser Form von Schecks erstmals ermöglicht hatte.

Übrigens: Bereits im selben Jahr, in dem das US-Unternehmen American Express den Reisescheck einführte – das war 1891 – wurde auch in Deutschland ein solcher Scheck erstmalig eingelöst. Das war für das 19. Jahrhundert einzigartig. Diese Premiere fand damals in Leipzig statt.

ALTERNATIVEN FÜR VIELFLIEGER: DER EURO-SCHECK

Als einer der Hauptkonkurrenten des Reiseschecks war der im Jahre 1969 eingeführte Euroscheck bekannt. Wie der Name schon vermuten lässt, war der Euroscheck ein garantierter und grenzübergreifender Scheck, der aus der Zusammenarbeit europäischer Banken stammte. Gegenüber dem Reisecheck brachte diese moderne Scheckvariante einige Vorteile mit sich. Für den Kunden fielen kaum Gebühren an, das Konto wurde erst bei Einlösung belastet (vgl. die Prepaid-Funktion des Reiseschecks) und es gab eine teilautomatisierte Erstellung. Somit war der Euroscheck günstiger und praktischer und das allein bescherte einen meilenweiten Vorteil gegenüber dem Reisescheck. Hinzu kam die Einführung der Euroscheck-Karte, die den Inhaber stets als Bezugsberechtigten für Euroschecks auswies. Somit wurde das Verfahren noch standardisierter und machte die Abwicklung sowohl für Banken als auch für Kunden bedeutend einfacher. Diese Karte hatte einen großen gesellschaftlichen Einschlag, insbesondere im deutschen Sprachgebrauch. Noch heute ist die Abkürzung EC-Karte (für

„EuroCheque“ in der französischen Schreibweise) geläufig, wenn über Plastikkarten gesprochen wird, die bargeldloses Bezahlen an der Kasse oder dem Bezug von Bargeld an einem Bankautomaten ermöglichen. Mancher spricht auch schlicht von „Scheckkarte“. Faktisch sind jedoch beide Formulierungen in höchstem Maße überholt: Am 1. Januar 2002 und somit passend zur Währungsreform der Europäischen Union inklusive der Umstellung auf den Euro, wurde vom „Konzept Euroscheck“ abgelassen. Dennoch ist die Formulierung EC-Karte nicht völlig falsch. Die Euroscheck-Karte wurde erst im Laufe der Jahre um diese Möglichkeiten wie dem bargeldlosen Bezahlen ergänzt, sie war also eine der ersten modernen Debit-Karten, mit der der Kunde auf das vorhandene Guthaben zugreifen konnte. Diese Karte machte ebenfalls viele Abläufe des Alltags um ein Vielfaches einfacher.

Spätestens bis zu den 1960er Jahren hatte sich die Praxis durchgesetzt, dass Löhne, Gehälter und Rente bargeldlos überwiesen wurden. Eine Verwendung der herkömmlichen Schecks war für die damaligen Begriffe kompliziert und schon damals nicht mehr wirklich zeitgemäß. Denn diese Methode verursachte enormen

Arbeitsaufwand bei den Bankangestellten. Außerdem war der Mehraufwand für den Kunden größer. So kam dem Euroscheck, beziehungsweise der dazugehörigen später aufkommenden EC-Karte, eine besondere Bedeutung bei, die sich im privaten Zahlungsverkehr fest etablierte. Dazu ist anzumerken, dass es in den Banken der europäischen Teilnehmerstaaten des Euroschecksystems keine einheitlichen, sondern individuell gestaltete Karten an die Bankkunden ausgegeben wurden. Einzig und allein das EC-Symbol war all diesen Karten gemein und ein entsprechendes Zeichen auf Bankautomaten signalisierte dem Kunden, dass mit dieser Karte Bargeld gezogen werden konnte. Nun war ebenfalls der Bezug von Bargeld im Ausland meist problemlos möglich. Somit war die Karte an sich ein Stück weit innovativer als der Euroscheck, der in der historischen Nachbetrachtung mehr als Konkurrent oder Nachfolger des Reiseschecks gilt.

Eine politische Komponente kommt dem Euroscheck zusätzlich bei. Bei der Einführung 1969 und somit in der Höchstphase des Kalten Krieges, fiel dem Euroscheck eine gewisse identitätsstiftende Wirkung zu. Der Scheck galt als Sinnbild der Einigkeit in Europa und strahlte eine vertrauensvolle Möglichkeit der

Zusammenarbeit auf finanzwirtschaftlicher Basis aus. Der Euroscheck machte auch vor dem Ostblock nicht halt. Im Jahre 1986 wurde erstmals in der DDR ein solcher Scheck akzeptiert. 1989 hatte der Scheck einen absoluten Höchststand an Teilnehmerstaaten bzw. an Ländern, die diese Zahlungsmethode akzeptierten. Die 22 aktiven Teilnehmer am Euroscheck-Programm waren zu diesem Zeitpunkt: Belgien, Dänemark, Deutschland, Finnland, Frankreich, Großbritannien, Irland, Israel, Italien, Kroatien, Luxemburg, Malta, Niederlande, Österreich, Polen, Portugal, Schweiz, Slowenien, Spanien, Tschechien, Ungarn und Zypern. In 24 weiteren und sogenannten „passiven" Staaten, die auch außerhalb Europas liegen konnten, war der Euroscheck als Zahlungsmittel akzeptiert. Dies waren die Länder Ägypten, Albanien, Algerien, Andorra, Armenien, Aserbaidschan, Bosnien-Herzegowina, Bulgarien, Georgien, Gibraltar, Griechenland, Island, Libanon, Litauen, Lettland, Marokko, Mazedonien, Rumänien, Russland, Slowakei, Tunesien, Türkei, Ukraine und Weißrussland. Kurzum: Der Euroscheck war ein Allzweck-Bargeldersatz, der von 24 Staaten in Europa, aber auch den Mittelmeeranrainern Ägypten,

Tunesien oder Marokko akzeptiert wurde. Ein echtes Novum für die damalige Zeit.

Aber am Ende war auch mit dem Euroscheck Schluss. Der Grund dahinter war das benutzte Material – das Papier. Vor wenigen Seiten hatten wir dieses noch als echte Innovation bezeichnet, aber zur Jahrtausendwende war Papier letztendlich dann doch überholt. Durch die vereinfachten Verfahren, die die EC- und andere Debit-, aber auch Kreditkarten mit sich brachten, war der papierne Scheck durchaus als altbacken zu bezeichnen. Denn die Schwierigkeiten beruhten sich auf der Lesbarkeit. Da es nicht gelang, den Scheck maschinenlesbar zu gestalten, verursachte die Abfertigung „per Hand“ einen immensen Aufwand und Kosten in Bezug auf das Personal. Auch die Druckkosten waren nicht unerheblich. So richtig wirtschaftlich war der Euroscheck aus Sicht der Banken eigentlich nie. Nach Beginn der Einführung wurde ein Negativgeschäft seitens der ausgebenden Banken noch akzeptiert. Dies geschah aus zwei Gründen: Die Ausgabe von Euroschecks war ein besonderer und ausgesprochen bequemer Service für den Kunden. Des Weiteren waren die ausgegebenen Stückzahlen nach der Einführung zunächst gering und der Verlust schmaler als es später der Fall war. Letztendlich wurde der Euroscheck ein Bargeldersatz für die breite Masse und ein Minusgeschäft für die Banken, da die Kosten nicht mehr gedeckt werden konnten. Auch durch Preissteigerungen bei den Gebühren zur Ausstellung der Schecks, die den Kunden in Rechnung gestellt wurden, konnte diese Unwirtschaftlichkeit nicht aufgefangen werden. Somit deckte sich das gesamte System in finanzieller Hinsicht nicht.

Die Scheckkarte war hingegen um ein Vielfaches leichter bereitzustellen und Bankautomaten bereits weit verbreitet. Daraufhin hat sich das verantwortliche Board of Directors von Europay International im April 1999 entschieden, von der Idee des Euroschecks abzurücken. Ende des Jahres 2001 wurden keine neuen Schecks mehr ausgegeben, gleiches galt für die Euroscheck-Karten. Danach wurden die noch vorhandenen, vorgedruckten Schecks mit dem markanten EC-Symbol noch weiter benutzt. Allerdings wurden diese nach und nach aus dem Verkehr gezogen und durch neue Karten ohne das markante Symbol ersetzt.

VISA, AMERICAN EXPRESS UND CO. – DER UNAUFHALTSAME AUFSTIEG DER KREDITKARTE

Egal, ob im Supermarkt direkt um die Ecke, ob im Souvenirladen in der weiten Ferne oder auch hoch über den Wolken beim Duty-Free-Verkauf im Flugzeug: Kreditkarten funktionieren immer und überall. So lautet zumindest das Versprechen der Werbung. Generell ist da etwas Wahres dran. Das Prinzip hinter der Kreditkarte ist denkbar einfach. Die Karte wird in ein Lesegerät eingeführt, die PIN-Nummer eingegeben und schon ist das Geld übertragen und der Kauf ist abgeschlossen. Der Trick an dieser praktischen Abwicklung: Es handelt sich nicht um das eigene Geld. Denn die zur Verfügung gestellten Finanzmittel gehören jemand anderem, genau genommen dem Unternehmen, das die Kreditkarte ausgegeben hat. Das ist in aller Regel eine Bank. Somit werden bei der Transaktion Gebühren fällig und nach diesem Wirkprinzip erwirtschaftet das Geldinstitut seine Gewinne. Bei der Benutzung wird also ein kleines (oder manchmal größeres) Sümmchen fällig. Dafür überzeugt die Verwendung einer Kreditkarte mit ihrer unfassbar komfortablen Praxistauglichkeit. Die Kreditkarte ist immer eine bequeme Lösung, die die Kunden schätzen. Außerdem wird das eigene Guthaben auf dem Konto nicht sofort belastet. In aller Regel werden die Einkäufe via Kreditkarte über einen Monat hinweg gesammelt und dann gebündelt vom Konto des Kunden abgebucht. Die Bank streckt meist die Summe der Transaktion vor und anschließend wird der betreffende Betrag abgebucht. Außerdem besteht die Möglichkeit, je nach Bonität, tatsächlich eine Summe abbuchen zu lassen, die (noch) nicht vorhanden ist. Somit ist die Definition eines echten und kurzfristigen Kredites erfüllt (vgl. auch Dispositionskredit). Für manche Kunden ist dieser Service derart verlockend, dass die Kreditkarte das Bargeld in vielen Bereichen abgelöst hat, zum Beispiel in vielen englischsprachigen Ländern. So ist die Verwendung von Mastercard, Visa und vielen anderen Kreditkarten in den USA absolut üblich. Aber auch hier gibt es für diejenigen, die eine größere Übersicht über ihr Vermögen behalten möchten, Guthabenkarten, die so genannten Debit-Karten.

Ganz klar: Die Kreditkarte an sich ist ein totales Erfolgsmodell. Eine akute Gefahr, dass diese Form der

Zahlungsmöglichkeit in näherer Zukunft ausstirbt, wird als unwahrscheinlich betrachtet. Auch in Deutschland ist diese Form der bargeldlosen Zahlungsmöglichkeit beliebt: Insgesamt sind etwa 33 Millionen Kreditkarten im Land im Umlauf. Der größte Teil dieser Karten sind Visa- oder Mastercard-Kreditkarten, die von Banken nach vorheriger Bonitätsprüfung ausgegeben werden. Und die werden gerne an der Kasse oder beim Shopping im Internet verwendet. So wurden im Jahr 2015 etwa 950 Millionen Transaktionen via Kreditkarte durchgeführt. Dies entspricht einem Umsatzvolumen von rund 85 Milliarden Euro.

Dass uns heute diese praktische Form der Abwicklung von Transaktionen derart geläufig und für uns alltäglich ist, verdanken wir dem Hotelgewerbe. Die erste Form dieser Kartenzahlung auf Kredit ist für das Jahr 1894 in den USA belegt. Eine spezielle Karte wurde von einem amerikanischen Hotel erstmals ausgegeben. Die Möglichkeiten waren zwar begrenzt und trotzdem völlig neuartig. So war es keinesfalls möglich, überall mit dieser Karte Bezahlungen durchzuführen. Die Karte war nämlich zweckgebunden und ermöglichte den Bezug von Dienstleistungen – in diesem Fall zum Beispiel einer Übernachtung – in diesem besonderen

Hotel und das ohne Ausnahmen. Ein universelles Finanzwerkzeug war diese frühe Form der Kreditkarte somit nicht. Vielmehr war es eine Form der Kundenbindung. Schließlich war dieser Service etwas ganz Besonderes. Ausgesuchten und guten Stammkunden mit entsprechender Bonität wurde somit die Möglichkeit eingeräumt, eine Dienstleistung zu beziehen. Auch dann, wenn nicht genug Bargeld mitgeführt wurde. Bezahlt wurde dann eben ganz bequem später. Diese Möglichkeit war zu dieser Zeit übrigens auch ein echter Garant, dass die Gäste einen weiteren Besuch des Hotels in Erwägung ziehen. Das Resultat war ein realer Marktvorteil im Wettbewerb mit anderen Beherbergungsbetrieben. Ohne Zweifel war dies ein hervorragender Service für die Hotelgäste.

Die Idee ist somit ganz klar als Durchbruch zu betrachten und es darf getrost von einer finanziellen Innovation im zunächst kleinen Ausmaß gesprochen werden. Die flexiblen Einsatzmöglichkeiten wie diese formten schließlich das Bild der überaus praktischen Kreditkarte und der Mehrwert wurde auch außerhalb der Hotellerie erkannt. Eines wird bei der Betrachtung dieser Entwicklung deutlich: Das Unternehmen, in diesem Fall also ein Hotel, arbeitet finanziell unabhängig von der sonst sehr etablierten Bank. Gerade in dieser Zeit war das eine Neuheit. Und somit ein erster, bedeutsamer Schritt in Richtung Zukunft. Denn ein gewisses Maß an finanzieller Autarkie sorgt bei den Banken für Ärger und führt zudem zu einem Umsatzverlust. Das ist immer dann der Fall, wenn die Bank nicht gebraucht wird und der Kunde auch ohne sie zurechtkommt. Das war bis dato noch undenkbar. Wäre ein Kunde des Hotels im Moment der Begleichung der Rechnung nicht zahlungsfähig, müsste er sonst auf den Service der Bank zurückgreifen und sich im schlimmsten Fall dort Geld leihen. Da dies mit der Erhebung von Zinsen bei der Rückzahlung verbunden war, fehlte der Bank durch die Benutzung dieser frühen Form der Kreditkarte ein gewisser Teil ihres Umsatzes – auch, wenn es sich bei diesen Summen um eher kleinere Beträge handelte. Die große Bedrohung durch eine private Finanzinnovation war noch nicht flächendeckend gegeben – es war schließlich nur ein Hotel, aber das war der Anfang.

Auch andere Branchen schöpften aus den guten Erfahrungen des Gastgewerbes einen Mehrwert, sprangen auf den Zug auf und gaben eigene

Kreditkarten aus. Hier galt zunächst auch das Prinzip der Kundenbindung und nicht dem Revolutionieren des Finanzmarktes. In den 1920er waren es Mineralölkonzerne und Kaufhäuser, die auch ihre Karte abgaben. Auch Fluglinien und andere Gastronomieformen adaptierten die Idee. Aber auch hier galt: Die Kreditkarte konnte nur zum Bezug von Waren und Dienstleistungen verwendet werden, die die jeweilige ausgebende Firma anbot.

Über Jahre hinweg war dieses System etabliert und es dauerte bis nach dem Zweiten Weltkrieg bis über die eigenen Unternehmensgrenzen hinweg gedacht wurde. In den 1950ern gründete sich der Diners Club, ein recht elitärer Zirkel reicher New Yorker Geschäftsleute. Und wie selbstverständlich liegt hier zunächst der Vergleich mit der High-Society-Attitüde von Golf- oder so genannten Gentlemensclubs nahe, die zu dieser Zeit in vielen englischsprachigen Ländern regen Zulauf erfuhren. Im weitesten Sinne ist das nach heutiger Definition mit einem „Verein zum Zeitvertreib“ zu vergleichen. Der New Yorker Diners Club war da ein wenig anders: Mit sensationellen 1,5 Millionen US-Dollar Startkapital, einer praktisch unfassbar hohen Summe zu der damaligen Zeit, nahmen sich die Mitglieder die Etablierung eines Kreditkartensystems vor, das den Kunden die praktische Zahlung per Kreditkarte in verschiedenen Restaurants ermöglichen sollte. 27 solcher Speiselokale machten mit und auch im großen New Yorker Kaufhaus Bloomingdale wurde die Diners Card schließlich akzeptiert.

Der Diners Card liegt auch ein Mythos zu Grunde. Diners-Club-Gründer Frank McNamara soll sich nicht an den vorherigen Konzepten aus dem Hotelgewerbe orientiert haben, sondern brachte laut der Überlieferung die Kreditkarte als eigene Idee auf den Markt. Angeblich soll McNamara mit einer unterschriebenen Visitenkarte nach dem Besuch eines Restaurants „bezahlt" haben. Denn Bargeld hatte er versehentlich keines dabei und gab so eine Art Schuldschein heraus. Mit seiner Unterschrift und seinem „guten Namen" versprach er also, die offenen Rechnungen zu einem späteren Zeitpunkt zu begleichen. Fasziniert von dieser Möglichkeit gaben McNamara und seine zahlreichen Partner und Geldgeber ein passendes Kreditkartensystem heraus und lösten damit einen kleinen Boom aus. Die Akzeptanz der Kreditkarte des Diners Club stieg Stück für Stück; sogar in Staaten des damaligen

Ostblocks war die Karte an manchen Stellen akzeptiert. Das war ein echtes Novum und in dieser Zeit mit ihren Spannungen zwischen Ost und West ein beachtlicher Meilenstein.

In Sachen Innovation hatte jedoch der konkurrierende Mitbewerber American Express die Nase ein bisschen weiter vorne. Das Unternehmen brachte bereits 1959 eine erste Scheckkarte aus Plastik auf den Markt. Diners Club rückte erst zwei Jahre später nach und präsentierte seinen Kunden 1961 die erste eigene, richtige Karte in physischer Form. Beide Unternehmen teilen sich bis heute eine Besonderheit: Denn offiziell besitzen Diners Club und American Express keine Ausgabenlimits.

Die Kreditkarte als solches ist also spätestens seit den 1960er Jahren fest als Ersatz für bargeldloses Bezahlen etabliert. Heute existiert weiterhin eine Vielzahl von Unternehmen, die Kreditkarten maßgeschneidert auf die Ansprüche von Kunden herausgeben. Diners Club und American Express sind vor allem auf die Bedürfnisse von zahlungskräftigen Kunden angepasst, die beruflich oder privat viel reisen und unterwegs sind. Neben dem offiziell eingeräumten Kreditrahmen ohne Limit, genießen Karteninhaber weitere Annehmlichkeiten. So gibt es gerade an einigen internationalen Flughäfen spezielle Aufenthaltslounges für Kunden von American Express oder Diners Club.

Eine weitere Form ist die Bankkreditkarte, die – wie der Namen bereits vermuten lässt – von Geldinstituten ausgegeben wird. Gängige Karten sind unter dieser Überschrift Visa und Mastercard, aber auch die BarclayCard. Einer der Unterschiede zu den vorher genannten Karten ist die Festlegung eines Kreditlimits. Außerdem ist die Zielgruppe eine andere. Statt Geschäftskunden richtet sich das Angebot hier in erster Linie an normale Konsumenten und Alltagseinkäufer. Dennoch gilt zu beachten, dass die Unterschiede der beiden Kartenformen in der heutigen Zeit nicht mehr allzu groß ausfallen. In der Gegenwart kommt der Kreditkarte eine weitere wichtige Möglichkeit bei. Dank der internationalen Verbreitung und Akzeptanz, ist es oft weltweit möglich, an Geldautomaten Bargeld mittels Kreditkarte zu ziehen.

Eine Besonderheit bei der Ausgabe von Kreditkarten ist die Unterscheidung in verschiedene Level. Es gibt Classic Cards, Gold Cards und Platinum Cards, die sich an dem jeweiligen Jahreseinkommen messen. Die Namen variieren zwar von Unternehmen zu Unternehmen, jedoch ist das Ziel, eine Einteilung der Kreditwürdigkeit vorzunehmen, stets vergleichbar. So gibt es die Platinversion meist ab einem Jahreseinkommen von etwa 100.000 US-Dollar. Darüber hinaus gibt es noch Karten in höheren Gewichtsklassen für Großverdiener. Diese Karten versprechen exklusive Privilegien, aber auch exorbitante Jahresgebühren. Des Weiteren dienen solche Karten auch als Zurschaustellung der Zugehörigkeit zu elitären Kreisen.

DIE ÄLTESTE INNOVATION ÜBERHAUPT: DER LOMBARDKREDIT

Nach dieser Betrachtung der bisherigen Erscheinungsformen finanzieller Innovation fällt ein Umstand deutlich auf: Oftmals musste eine Innovation einer anderen weichen. Eben einer neuen Innovation, deren Funktionsweise noch innovativer war, als die der vorherigen. Das ist ziemlich normal, gilt als ganz obligatorisch und als natürlicher Vorgang, der nicht nur auf die Finanzbranche zutrifft. Genauso wie die Kutsche dem Auto wich, gab es irgendwann nach Jahrhunderten eben keinen Wechselbrief mehr, sondern den Euroscheck. Zusammengefasst: Gute Ideen dienen oft als Basis von besseren Ideen und werden nach und nach ersetzt. Doch das trifft nicht in jedem Falle zu. Es gibt Formen von Handel, Tausch und Kreditvergabe, die die Jahrtausende unangefochten und gefahrlos überstehen. Einer dieser Fälle ist der Lombardkredit, den so ziemlich jeder kennt, aber wahrscheinlich nicht unter diesem Namen. Aber schon vor tausenden Jahren wurden so Geschäfte abgewickelt. Die Methode beinhaltet die Idee, Ware gegen

Geld zu tauschen und die Ware wieder zurückzukaufen, wenn wieder genügend Geld vorhanden ist. Aber schauen wir uns dieses uralte Prinzip in einem Beispiel an und greifen dabei wieder auf den bereits bekannten Kunden A zurück.

Kunde A steht vor einer misslichen Lage. Er muss dringend eine eilige Rechnung bezahlen, hat sich jedoch bei der Verwaltung seiner Haushaltskasse stark verkalkuliert. Sprich: Er ist pleite, braucht Geld und das so schnell wie möglich. Nun schaut sich Kunde A in seinem Wohnzimmer um und sein Blick fällt auf die alte Kuckucksuhr, die er von seinem Großvater vermacht bekam. Er könnte auf diese Uhr sehr gut verzichten und braucht schließlich dringend Geld. So beschließt er kurzerhand, das Erbstück zu einem Pfandhaus zu bringen. Für das Schmuckstück aus dem Schwarzwald erhält er beim Pfandleiher eine Summe X, die ausreicht um seine Rückstände zu begleichen. Der Gläubiger ist nun besänftigt, Kunde A ist erleichtert und sogar der Pfandleiher scheint zufrieden. Wem ist die grundsätzliche Entspannung der Lage denn nun zu verdanken? Sicherlich trug der großzügige Opa seinen Teil dazu bei. Aber letztendlich funktionierte der Plan von Kunde A nur, weil überhaupt so etwas wie ein

Pfandhaus und ein entsprechendes Angebot existiert. Sonst hätte er bis zum nächsten Trödelmarkt warten oder eine Kleinanzeige in einer Zeitung schalten müssen, um einen Käufer für seine Kuckucksuhr zu finden. Und das kostet Zeit, die er in diesem Fall absolut nicht hat. Retter der Situation ist als also der Pfandleiher. Dieser Dienstleister hat seinen Job nur, weil es wieder einmal findige italienische Geschäftsleute gab. Im beginnenden 15. Jahrhundert erfanden diese Geschäftsmänner nämlich den bereits erwähnten Lombardkredit, der seinen Namen von der Lombardei, einer Region in Oberitalien, hat. Dieser Kredit ist an und für sich ein so genannter Warenkredit. Der eine gibt eine Ware ab und erhält Geld dafür. Das hört sich im Grunde nach einem ganz normalen Verkauf an – aber mit Vorbehalt. Denn die Idee dahinter ist die, dass derjenige, der eine Ware gegen Geld abgibt, irgendwann wieder zurück zum Pfandhaus geht, die Ware abholt und gleichzeitig das Geld zurückgibt. Auch der Pfandleiher im Beispiel mit der Kuckucksuhr geht davon aus, dass Herr A das Geld innerhalb eines festgesetzten Zeitraums zurückbringt und dafür wiederum die Uhr zurückerhält. Durchaus könnte es aber auch geschehen, dass Kunde A niemals wieder auftaucht. Dann geht die Uhr in das Eigentum des Pfandleihers über und er könnte sie an einen Kunden weiterverkaufen oder bei einer Auktion versteigern. So generiert ein Pfandhaus seinen Umsatz und an diesem Prinzip hat sich seit der Idee der Geschäftsleute aus der Lombardei bis heute nichts geändert. Und sogar der Name blieb gleich. Auch im internationalen Finanzmarkt gibt es eine Vielzahl solcher Lombardkredite – gerade heute und im großen Stil. Dort werden sicherlich keine eingestaubten Uhren beliehen. Aber zum Beispiel börsengängige Wertpapiere. Und hier sind mitunter gigantische Summen im Spiel.

Wo steckt hier die Innovation? Während noch rund 150 Jahre zuvor lediglich Geld gegen Geld getauscht wurde, gingen die Händler der Lombardei einen Schritt weiter und tauschen Waren gegen Geld. Diese Form des Darlehens machte in Europa schnell die Runde und „Lombardhäuser“ waren in vielen mittelalterlichen Metropolen zu finden. Heute hat ein Pfandhaus manchmal etwas Zwielichtiges, das ist jedoch unbegründet. Der negative Touch beruht meist auf der Darstellung in amerikanischen Actionfilmen. Dort gehen aber eher Schusswaffen als Kuckucksuhren über den Tresen. Dies ist aber nicht alltäglich; tatsächlich ist ein Pfandhaus eine gängige und jahrhundertealte Form des Kreditinstitutes und keinesfalls ausschließlich in dunklen Seitengassen zu finden.

Und übrigens: Wir kennen dieses System ja von beiden Seiten. Waren Sie schon einmal auf einem Weihnachtsmarkt und haben einen Glühwein genossen? Oft gibt es dort schicke Keramiktassen, aus denen das beliebte Heißgetränk getrunken wird. Hier gibt es ein ähnliches Prinzip wie mit der Kuckucksuhr. Nur dass die Rollen vertauscht sind. Der Händler gibt Ihnen eine Ware und kassiert dafür Pfand. Logisch, denn er möchte die Tasse schließlich wiederverwenden und neu befüllen. Bei der Rückgabe lösen Sie praktische eine Ware aus und bekommen Bargeld zurück. Das gleiche Verfahren kennen wirklich alle, die schon einmal im Supermarkt waren, vom Einkaufswagen. Dort müssen wir auch ein Pfand, in der Regel eine 1-Euro-Münze, ein 50-Cent-Stück oder einen Chip aus Plastik „hinterlegen“, um einen solchen Wagen benutzen zu können. Sie sehen: Es gibt finanzielle Ideen, die nicht nur seit Ewigkeiten bestehen, sondern auch gänzlich ohne das Zutun von Banken auskommen. Und das ist eine Wirkungsweise, die sich heutige Fintech-Unternehmen zu Nutzen machen.

- Kapitel 3 -

DAS WEB 2.0 ALS IDEOLOGISCHE UND TECHNISCHE BASIS VON FINTECH

Bevor wir uns dem Begriff Fintech im näheren Detail zuwenden, müssen wir noch einen wichtigen Aspekt beleuchten. Die zuvor genannten Innovationen sind wegweisende Marken für den heutigen Umgang mit Geld in jeglicher Hinsicht. Ganz unabhängig davon, ob es sich um geliehenes oder eigenes Kapital handelt. Alle erwähnten Neuerungen sind auch in der Gegenwart noch wichtig oder waren es mindestens in der damaligen Zeit. Dabei gilt zu beachten, dass es bei allen Innovationen nicht nur eine Idee für die entsprechenden Konzepte gab, denn es musste auch ein entsprechendes Medium zur Realisierung und Umsetzung existieren. Einfach gesagt, musste im Beispiel des Wechselbriefes erst einmal das Papier erfunden worden und vorhanden sein, um auf den Gedanken zu kommen, dies auch als Mittel im bargeldlosen Zahlungsverkehr verwenden zu können. Es musste also ein entsprechendes „Drumherum", eine technische Infrastruktur, bestehen. Denn ohne Zweifel hatten die Zeitgenossen der vergangenen Jahrhunderte mit Papier zunächst ganz anderes im Sinn, nämlich die beständige Fixierung von Wissen, insbesondere wenn dies religiöser Natur war. Des Weiteren war Papier ein wertvolles Gut. Von diesem Standpunkt aus betrachtet, war der Weg zum Wechselbrief eine Form des Vor- und Weiterdenkens. Ein bestehendes Produkt wurde weiterentwickelt und perfektioniert. Nicht mehr und nicht weniger.

Denken wir an den heutigen Zahlungsverkehr, denken wir kaum noch an Papier. Eine Ausnahme ist natürlich das Bargeld. Aber der Scheck ist aus der Mode gekommen und das Papier- und Münzgeld steht international und besonders in den Industrienationen bereits auf dem Prüfstand. Die Abschaffung des Bargeldes ist ein großes Thema, auch wenn sich der größere Teil der Bevölkerung in Deutschland (noch) gegen solche Ansätze wehrt. In Skandinavien sieht das anders aus. In Schweden zum Beispiel existieren bereits Shops und Geschäfte, in denen nur noch das Bezahlen per Karte oder Smartphone-App möglich ist.

Dort ist der Wechsel von Papier (und Münzen) auf elektronische Zahlweisen im lokalen Rahmen abgeschlossen. Wichtig ist, dass ein solches bestehendes System nicht „mal eben so“ abgeschafft wird. Es muss eine Alternative geben, also eine Finanzinfrastruktur, die als Nachfolger vorhanden ist und funktioniert. Denn wenn etwas abgeschafft wird, muss es in der Folge ersetzt werden, ein konkurrierendes System muss bereits etabliert sein. Diese Möglichkeiten bietet heute das Internet. Und ebenso wie im Laufe der Jahrtausende sich das Papiergeld etablierte, ist das Web, genauer das Web 2.0, die Basis aller finanziellen Abwicklungen, die heutzutage online getätigt werden. Der Unterschied liegt jedoch in der weltweiten Etablierung. Die Entwicklung vom ursprünglichen und eher rudimentären Internet zum allumfassenden, marktliberalen globalen Finanztool, das in Echtzeit funktioniert, dauerte bei weitem nicht so lange, wie die Bedeutungsänderung des Papiers. Der Grund: Das Web, und dies ist uns wohl bewusst, bietet nahezu unbegrenzte Möglichkeiten. Und das mit einer erstaunlichen Geschwindigkeit.

VOM KONSUMENT ZU PROSUMENT

Keine Sorge, einen Abriss der Geschichte des Internets ersparen wir uns. Denn für eine umfassende Aufarbeitung im Detail wäre wohl eine gesamte Bibliothek von Nöten. Dennoch blicken wir kurz auf die Anfänge, die absolute Basis des Netzes sozusagen. Ein wegweisendes Projekt war das ARPANET, ein Akronym für Advanced Research Projects Agency Network. Die Idee für ARPANET entstand am berühmten MIT, dem Massachusetts Institute of Technology. Und von Anfang an war das Netz kein ambitioniertes Werk von Idealisten oder Hobbytüftlern. Das Verteidigungsministerium der USA finanzierte nämlich das Projekt. Das Ziel war ganz klar: Vernetzung. Einfach ausgedrückt war es die Idee, mehrere Rechner verschiedener Universitäten miteinander online zu verknüpfen. Und das gelang den Pionieren von früher. Damals mussten noch herkömmliche Telefonleitungen herhalten. Logisch, denn das ARPANET erblickte bereits 1969 das Licht der damals noch ziemlich analogen Welt. Am 29. Oktober wurden erstmals Daten zwischen zwei Computern ausgetauscht. Einer stand im MIT, der andere im Stanford Research

Institute in der Nähe von San Francisco. Außerdem gelang die Vernetzung mit einem Rechner in der University of California mit Sitz in Los Angeles.

Diese Premiere war die initiale Zündung für das Internet, wie wir es heute kennen. Dieser weltweite Verbund von Rechnernetzwerken ermöglichte das Web 1.0, das übrigens eine nachträglich eingeführte Bezeichnung darstellt. Im Grunde unterscheidet sich das Web 1.0 von der „Version" 2.0 durch die Möglichkeiten der umfangreichen Mitwirkung durch den User. Im so genannten Web 1.0 war das Internet von starren HTML-Websites geprägt. Nur wenige Benutzer kreierten dort Content. Oft hatten Websites keine oder kaum Interaktionen – sondern lediglich Informationscharakter. Natürlich gibt es solche Websites immer noch in Massen, das Web 2.0 hat die 1.0er Version nicht abgelöst, sondern nur ergänzt. Aber eben auf eine wichtige Art und Weise. Deshalb wurde auch diese Bezeichnung gewählt, die üblicherweise eine neue Version bei der Entwicklung von Software beschreibt. Der Vergleich hinkt natürlich ein wenig. Schließlich wird das World Wide Web nicht zentral „herausgegeben". Social-Media-Plattformen wie Facebook, MySpace, YouTube und viele mehr haben völlig neue Nutzungsmöglichkeiten für den User ermöglicht – die Interaktion. Somit generiert diese veränderte Form der angebotenen Dienste eine veränderte Wahrnehmung des Internets als solches. Inhalte konnten erstmals nicht mehr nur betrachtet, sondern auch verändert und mitgestaltet werden. Ein gutes Beispiel dafür ist Wikipedia. An der Online-Enzyklopädie kann jedermann mitarbeiten und dazu wird auch explizit aufgerufen. Bei einer Enzyklopädie im Web-1.0-Format würde nur der Rechteinhaber die Inhalte in einem starren Format zur Verfügung stellen. Der User könnte auch hier nur betrachten, aber nicht sein eigenes Wissen mit einfließen lassen.

Grundsätzlich lassen sich mehrere Eigenschaften des Begriffes Web 2.0 festhalten:

- Nicht mehr der eigenen Rechner ist die Plattform, sondern das Netz selbst.
- Jeder kann die Inhalte selber gestalten, bearbeiten und ergänzen.

- Das Web ist niemals „fertig“, sondern verändert sich dynamisch durch die Teilnahme der User.
- Das Web 2.0 generiert eine „kollektive Intelligenz“.
- Jeder Benutzer ist nicht nur Betrachter, sondern Ersteller von Inhalten.
- Das Web 2.0 bietet innovative Möglichkeiten der Kommunikation.
- Es bestehen weitreichende Möglichkeiten zum Austausch von Inhalten.
- Inhalte können auch ohne Fachkenntnisse erstellt werden – aus Nutzern werden somit Programmierer.

Es ist dabei festzustellen, dass die neuen Möglichkeiten nicht nur Mitwirkung erlauben, sondern auch weitreichendem Raum für Selbstverwirklichung bieten. Der User wird also zum Publisher. Genauer gesagt: Der Konsument wird zum „Prosument“. Dieser Begriff ist ein Kofferwort der beiden Begriffe

Konsument und Produzent. Durch die ungebremste Möglichkeit, Daten zu transferieren, bestand durch die Etablierung des Web 2.0 erstmals die Chance, das Internet nicht nur zu einem Informationsraum, sondern auch zu einer Plattform im Dienstleistungssektor zu gestalten.

Eine Vorreiterrolle nahm die Auktionsplattform eBay ein. Der Onlinemarktplatz wurde 1995 in den USA gegründet und bereits im Jahre 1999 fasste das Unternehmen auch in Deutschland Fuß. Als attraktive Konkurrenz zu Flohmärkten, Kleinanzeigen oder Aushängen an schwarzen Brettern bot sich erstmals im großen Stil die Möglichkeit, dass Privatpersonen vom heimischen PC aus Waren verkaufen konnten. Das Konzept war seiner Zeit absolut voraus. Denn die Infrastruktur in Sachen digitaler Finanzen war eigentlich noch gar nicht so weit, wie es eBay gerne gehabt hätte. Als Beispiel: Bei der Gründung von eBay Deutschland waren maximal elf Prozent der Deutschen überhaupt in der Lage E-Banking durchzuführen. Das vollständige Erlebnis des virtuellen Marktplatzes hinkte also noch. Schließlich musste der Käufer eines Produktes auf eBay immer noch die nächste Filiale der

Hausbank aufsuchen, um eine entsprechende Überweisung – seinerzeit waren dies papierne Überweisungsträger, die von Privatpersonen meist handschriftlich ausgefüllt wurden – zu tätigen. Schnell wurde dieses Defizit, dass ein „Kauf einfach von zu Hause" nicht im vollen Umfang umgesetzt werden kann, erkannt. Die Bemühung der Banken, entsprechende E-Banking Formate zu etablieren, hatten zwar schnell Erfolg, doch rief dieses Bedürfnis auch private Finanzdienstleister für das Online-Payment auf den Plan. Einer der bekanntesten und erfolgreichsten Anbieter ist das amerikanische Unternehmen PayPal. Und hier sind wir bei dem großen Feld der Paytech und stoßen in das Allerheiligste der Fintech-Bewegung vor. Doch zunächst schauen wir noch auf andere Sparten.

- Kapitel 4 -

LENDING FINTECH – PRIVATE KREDITE VIA INTERNET

Kredite sind aus der heutigen Finanzgesellschaft und der Privatwirtschaft nicht mehr wegzudenken. Ob nun ein neues Auto angeschafft werden soll oder ein neues Haus – ohne Kredit ist das für die allermeisten Mitbürger nicht ohne weiteres möglich. Bei diesen großen Investitionen hilft gerne die Bank und geht in die Vorauskasse. Im Falle des Hauskaufes überweist die Bank dem Vorbesitzer die Verkaufssumme und die Immobilie gehört theoretisch dem Käufer. Aber eben nur theoretisch. Genau genommen gehört es der Bank und der Käufer zahlt den Kredit in Raten ab. Dabei ist die zurückzuzahlende Summe stets etwas höher als der eigentliche Verkaufspreis. So macht die Bank Gewinn. Für den Kunden hat dies den Vorteil, dass die Verkaufssumme nicht auf einen Schlag fällig wird. Eine Ratenzahlung schont schließlich die Haushaltskasse und somit das private Vermögen. Auch Unternehmen, zum Beispiel Versandhäuser, bieten Ratenzahlungen an. Gleiches gilt für Dienstleister. Das Prinzip ist also völlig gängig und ein fester Bestandteil unseres täglichen Miteinanders, wenn es um das große Thema Finanzen geht.

Welche Möglichkeiten gibt es sonst noch, um legal an Geld zu kommen, das einem nicht gehört? Neben dem Konzept des Pfandleihens, das wir bereits kennengelernt haben, gibt es selbstverständlich noch private Kredite. Ein solcher Kredit ist meist eine Absprache unter Privatleuten, die sich untereinander kennen und – im Idealfall – eine vertrauensvolle Beziehung miteinander pflegen. „Du leihst mir die Summe X, die ich Dir zum Zeitpunkt Y wiedergebe“ – so lautet das simple Konzept. Ob das jedes Mal reibungslos funktioniert, sei dahingestellt, sollte es laut der Idee aber. All diese Konzepte sind seit Jahrzehnten etabliert. Verschiedene Fintech-Start-Ups haben jedoch andere, innovative und neue Formen der Kreditvergabe möglich gemacht: Das Peer-to-Peer-Lending und das Crowdlending.

PEER-TO-PEER: WAS STECKT DAHINTER?

Peer-to-Peer bedeutet im grundlegenden Sinne „Von Kopf zu Kopf" und meint zwei oder mehrere Internetnutzer. Besonders geläufig und bekannt ist der Begriff durch Filesharing-Dienste. Diese Form von Software ermöglicht den Tausch von Dateien, die sich auf dem Computer von Nutzer A befinden. Gestattet dieser Nutzer die Übertragung dieser Daten, werden die betreffenden Dateien über Filesharing-Dienste auf den Rechner von Nutzer B transferiert. Diese Anbieter haben einen eher zweifelhaften Ruf und gerieten vor allem bei illegalen (Musik-) Downloads ins Visier der Fahnder. Mit Fintech hat dies nichts zu tun, dort läuft alles im legalen Rahmen ab. Das Prinzip ist aber sehr vergleichbar. Denn neben dem Transfer von Dateien ist auch die Vermittlung von Krediten möglich. Und dies funktioniert ebenfalls durch das Konzept Peer-to-Peer, also von Privatperson zu Privatperson. Eine Bank tritt durch diesen direkten Finanzfluss somit nicht mehr als vermittelnde Institution auf. Hier schrillen bei manchem gleich die Alarmglocken: Wer garantiert, dass der Geldgeber sein verliehenes Geld jemals wiedersieht? Im Laufe der letzten Jahre haben sich gleich mehrere Internetanbieter und Fintechs genau auf diese Frage spezialisiert. Als erstes Unternehmen, das diese Form von Kreditvergabe angeboten hatte, gilt die Firma Zopa mit Sitz in Großbritannien, die 2004 gegründet wurde. Zopa bot online die Möglichkeit, Kreditgeber mit Kreditnehmern zusammenzubringen. Das Geschäftsmodell sieht vor, dass das Kapital eines Kreditgebers unter möglichst vielen Kreditnehmern aufgeteilt wird. Kleinkredite stehen hier also ganz klar im Fokus. Der Vorteil durch das Peer-to-Peer-Verfahren ist der, dass Privatleute bei der Kreditvergabe schneller reagieren können als es traditionelle Kreditinstitute könnten. Zopa wuchs zunächst langsam, aber dann stetig und rasant an. Der Durchbruch kam schließlich nach der Finanzkrise ab 2007.

Von der grundlegenden Weise der Kreditvergabe unterscheiden sich solche Fintechs nicht unbedingt in bahnbrechender Art von den Prinzipien der Kreditvergabe herkömmlicher Banken. Auch Zopa erhebt Gebühren bei den Krediten. Ein Prozent der Kreditsumme wird als Provision einbehalten. Laut der Homepage der Firma hat Zopa seit 2005 etwa 4 Milliarden britische Pfund an rund 500.000 Kreditnehmer ausgegeben. Übrigens: Ein Kredit muss sich nicht aus einer bestimmten Anzahl an Gebern zusammensetzten. Auch direkte Kredite von einer Person an eine andere oder auch an ein Unternehmen sind problemlos möglich.

DIE MACHT DER MASSE: CROWDLENDING UND MEHR

Zusammengefasst wird dieses Verfahren auch Crowdlending genannt, es gibt jedoch einen Unterschied. Beim Peer-to-Peer Lending kann nur eine Privatperson mit einer anderen Privatperson ein Kreditgeschäft abschließen. Bei Crowdlending sind die Möglichkeiten vielfältiger. So kann auch eine private Person Geld einem Unternehmen oder einer Institution leihen. Dennoch ist das Prinzip das gleiche. Das bedeutet: Eine bedeutende Anzahl von Kreditgebern stellt – oftmals sehr geringe – Beträge zur Verfügung, die unter einer beliebigen Menge von Nehmern in Anspruch genommen wird. Diese Form der Kreditvergabe gilt für viele Nutzer als ausgesprochen praktisch. Denn eine Vielzahl von mühseligen Formalitäten wie bei der herkömmlichen Kreditvergabe fällt von vornherein weg. Nun können wir uns auch sofort vorstellen, wem diese neue und innovative Form der Vergabe von geliehenen Geldmitteln ein ziemlicher Dorn im Auge ist: Den etablierten Bankinstituten. Das Phänomen des Crowdlendings ist nämlich ein direkter Wettbewerber auf dem großen Finanzmarkt. Und schließlich ist bei den bekannten Banken das Erheben von Zinsen auf Kreditsummen eine erhebliche Einkommensquelle.

Beim Crowdlending können Fintech-Unternehmen darüber hinaus einen ganz neuen Kundestamm für Kredite gewinnen. Denn bei solchen Internetplattformen können auch diejenigen Nutzer Summen „auf Pump“ beziehen, denen bei einem traditionellen Geldinstitut ein Kredit schlicht verwehrt bliebe. Ein Grund, der zum Beispiel in Deutschland die Aufnahme eines Kredites verhindert, ist ein Eintrag bei der Schufa oder mangelnde finanzielle Perspektiven, wie sie beispielsweise durch Arbeitslosigkeit entstehen können. Bei Zopa und anderen Anbietern ist die Situation eine völlig andere. Dort trägt die Crowd, also die Gesamtheit der Kreditgeber, das Risiko. Generell sind die Plattformen durch verschiedene Werkzeuge und Absicherungen gegen einen Verlust der zur Vergabe eines Kredites verwendeten Geldmittel recht gut aufgestellt.

Selbstverständlich ist eine solcher Kreditvergabe von privater Hand immer noch mit einem relativ hohen Risiko verbunden. Ist der Kreditnehmer insolvent, muss der Geber mit einem Totalausfall rechnen. Das

Geld ist weg. Generell ist das öffentliche Bild von solchen Peer-to-Peer-Lending- bzw. Crowdlending-Plattformen relativ gut. Allerdings wird hier ausdrücklich zu einer ordentlichen Portion Fingerspitzengefühl geraten – insbesondere, wenn jemand daran interessiert ist, Kredite zu geben, statt zu nehmen.

So attestierte die Stiftung Warentest in einem bereits im Jahr 2013 durchgeführten Test verschiedenen Plattformen zwar interessante Möglichkeiten der privaten Anlage, mahnt aber in einem Atemzug zu einer besonderen Besonnenheit und Vorsicht, für den Fall, das jemand selber investieren möchte. Dass ein totaler Ausfall möglich sei, müsse stets im Hinterkopf behalten werden. Demzufolge sollten nur Projekte unterstützt werden, die ihre Ziele transparent vorstellen und darlegen und somit für Vertrauen sorgen. Und auf gar keinen Fall sollte laut den Experten der Stiftung Warentest an das eigene mühsam Ersparte gegangen werden und nur das Geld eingesetzt werden, dessen Verlust im schlimmsten Fall auch verkraftet werden könne, also Risikokapital. Der Anreiz ist natürlich groß: Schließlich können sich Kreditgeber über ein hübsches Sümmchen Zinsen und somit über einen kleinen Gewinn freuen. Die Stiftung Warentest lobt indes die

Möglichkeit für Kreditnehmer. Möchte ein Kreditnehmer ein relativ exotisches Projekt auf den Weg bringen, sei dieses Lending-Verfahren eine gute Alternative. Die Stiftung bemerkt des Weiteren, dass die privaten Kreditanbieter eine gute Möglichkeit für Selbstständige, die ein hohes finanzielles Risiko tragen, darstellen.

Eine beträchtliche Zahl der mit Abstand erfolgreichsten Firmen, die Crowdfunding anbieten, haben ihren Sitz in den USA. Marktführer ist Lending Club, ein US-Unternehmen aus San Francisco, das im Jahre 2006 und so in relativer zeitlicher Nähe zum oben genannten britischen Pendant Zopa gegründet wurde. Lending Club ist unbestrittener Marktführer in den USA und hat seit seiner Gründung ein sensationelles Kreditvolumen von neun Milliarden US-Dollar vermittelt. Ein weiteres erfolgreiches Unternehmen in der gleichen Branche und ebenfalls mit Sitz in den USA ist prosper. Trotz zahlreichen Konkurrenten ist Zopa in Europa nach wie vor Marktführer.

Weitere bedeutsame Unternehmen im Crowdlending-Sektor sind in Europa Ratesetter (Großbritannien),

Funding Circle (Großbritannien), Auxmoney (Deutschland), isePankur (Estland), Pret d'Union (Frankreich), ThinCats (Großbritannien), Smartika (Italien), Comunitae (Spanien) und Funding Knight (Großbritannien).

Auch der Blick auf den nationalen Markt ist interessant. Neben Auxmoney ist smava ein wichtiges Unternehmen auf dem deutschen Crowdlending-Markt und der zweite Anbieter, der sich auf diesen Sektor spezialisiert hat. Auxmoney und smava wurden in der großen Fintech-Anfangsphase in Deutschland im Jahr 2007 gegründet. Betrachten wir dies im Kontext der anderen erfolgreichen und international tätigen Unternehmen, können die Jahre nach 2005 mit Recht als die Gründerzeit des Crowdlendings betrachtet werden. Während sich diese Firmen am Markt etablieren konnten und auch in eher schwierigen Zeiten ein beachtliches Durchhaltevermögen bewiesen, hat es die allererste der deutschen Crowdlending-Plattformen nicht geschafft, seine Nische auf dem mittlerweile hart umkämpften Markt zu finden. Der Vorreiter eLolly, der ebenfalls 2007 gegründet wurde, polarisierte bei Nutzern und Fachleuten gewaltig und war Gegenstand von flammender Begeisterung und vernichtender Kritik zugleich. Das Arbeitsprinzip galt in der öffentlichen Wahrnehmung als unausgereift. Schon bald war das Ende des Start-Ups besiegelt und eLolly war alsbald pleite. Mittlerweile ist der Markt recht gut aufgestellt und kann enorme Erfolge verbuchen. Schon im Jahr 2015 wurde ein Kreditvolumen von insgesamt 250 Millionen Euro vermittelt – sehr zum Ärger der Banken. Weitere bedeutende Crowdlending-Unternehmen mit Sitz in Deutschland sind *lendico, zencap, Crosslend* und *kapilendo*.

Eine Besonderheit ist die Plattform kiva. Die grundsätzlichen Prinzipien sind auch hier vergleichbar mit den bereits betrachteten Beispielen. Aber kiva versteht sich als Social Lending-Anbieter. Auch hier bieten eine mehr oder weniger große Anzahl von Kreditgebern Geld zur Leihe an. Die Kreditnehmer sind in diesem Fall aber stets internationale soziale Projekte. Dies verändert die Arbeits- und natürlich auch die Denkweise. Denn bei jedem karitativen Projekt stellt sich der Spender die alles entscheidende Kernfrage: Kommt mein Geld eigentlich überhaupt dort an, wo es hinsoll? Um diese Frage zu beantworten, bemühen sich die Macher von kiva um ein hohes Maß an Transparenz. Zunächst bleibt in Bezug auf das Wirkprinzip alles beim Alten: Kreditgeber können eine bestimmte Summe, die sie selbst festlegen, verleihen. Anschließend wird das Geld an verschiedene Projekte in der ganzen Welt verteilt. Dieses Projekt können sich die Kreditgeber aussuchen und genau dort investieren, wo das eigene Geld am sinnvollsten investiert erscheint.

Bis hierhin scheint alles den herkömmlichen Weg wie bei etablierten Crowdlending-Plattformen ohne karitativen Zweck zu gehen. Einen enorm entscheidenden Unterschied gibt es jedoch bei der Rückzahlung des Kredites. Es werden nämlich keine Zinsen erhoben. Somit wird der mildtätige Charakter unterstrichen, denn ein Gewinn wird ausdrücklich nicht erwirtschaftet. Und das ist auch gar nicht das Ziel. Deshalb ist das Prinzip hinter kiva eine Besonderheit und für alle interessant, die ein Sozialprojekt zwar unterstützen möchten, aber sich nicht mit einer reinen Spende anfreunden können oder wollen. Laut der Homepage von kiva ist dank diesem Prinzip die Rückzahlquote von etwa 93 Prozent deutlich höher als bei herkömmlichen Plattformen mit Gewinnorientierung. Insgesamt hat kiva gemäß eigener Darstellung ein Kreditvolumen von 1,3 Milliarden Euro vermittelt und mit dieser Summe

Projekte in 77 Ländern, insbesondere in Süd- und Mittelamerika, Afrika und Südostasien unterstützt. Gerade der Support von Projekten zum Klimaschutz und zur Bildung stehen im Fokus der Bemühungen.

GROßES SAMMELKAPITAL FÜR GROßE IDEEN: CROWDFUNDING

Eine im Grunde genommen vergleichbare Methode zum massenweisen Einsammeln von Geld bzw. Spenden ist das Crowdfunding. User können bestimmte Projekte unterstützen, die im Normalfall nicht über das benötigte Startkapital, einen Investor oder die nötige Kreditwürdigkeit bei den klassischen Banken verfügen. Im Vergleich zu den bereits genannten Beispielen wie Crowdlending oder Social Lending gibt es jedoch einen gewaltigen Unterschied. Es handelt sich hier um eine echte Spende und keinen Kredit. Die Bandbreite der zu unterstützenden Projekte ist nicht ausdrücklich festgelegt und somit riesig und vielfältig. So können regionale wie auch internationale Ideen finanziell unterstützt werden. Oftmals sind es Start-Ups, die auf die mittlerweile recht bewährte Methode des Crowdfundings zurückgreifen, um an das nötige Kapital für einen erfolgreichen Start zu gelangen. Besonders interessant ist diese Methode für Projekte im künstlerischen Bereich. Oft sind es nämlich alternative Filmemacher, Musiker ohne Plattenvertrag oder Publisher von Videospielen, die über Plattformen wie Kickstarter versuchen, Kapital für die Realisierung einer Idee zu sammeln. Dabei unterliegt das Crowdfunding vergleichsweise strengen Regeln. So beschreibt Kickstarter die Verfahrensweise als „Alles-oder-Nichts“-Methode. Das bedeutet: Ruft eine Person oder ein Unternehmen zu einem Crowdfunding auf, muss eine Mindestsumme angepeilt werden, die eine Umsetzung des geplanten Projektes überhaupt erst möglich macht. Das ist praktisch die Grundvoraussetzung. Dazu ein Beispiel: Eine Indie-Band möchte ein neues Album aufnehmen. Die Gruppe erwartet zur Realisierung ihrer neuen Platte Kosten in Höhe von 15.000 Euro. Diese Summe fehlt in der Kasse und somit ruft die Band ihre Fans auf, sie per Crowdfunding bei diesem Unterfangen zu unterstützen. Die Anhänger haben ein großes Interesse, die neuen Songs ihrer Lieblingsband zu hören und machen folglich gerne mit. Das Ziel: Innerhalb von vier Wochen sollen die veranschlagten 15.000 Euro in kleinen oder größeren Einzelbeträgen gesammelt werden.

Es gibt nur zwei potentielle Möglichkeiten, was nun geschehen kann.

1. Innerhalb der vier Wochen wird das angepeilte Ziel erreicht, die 15.000 Euro sind gesammelt und die Band erhält das Geld von der Crowdfunding-Plattform. Die Musiker können sich den Aufenthalt im Studio nun ohne Probleme leisten und nehmen ein neues Album auf. Durch die Verkäufe der Platte hat die Band die Möglichkeiten neue Gelder einzunehmen. Die gehen aber nicht an die Unterstützer bei der Crowdfunding-Aktion zurück. Es handelt sich nämlich um eine Spende, keine Investition. Was haben die Fans dabei? In erster Linie nur ein neues Album ihrer Lieblingsband, nicht mehr und nicht weniger. Zusätzlich zeigen sich die Initiatoren erfolgreicher Crowdfunding-Aktionen oft dankbar und erwähnen die Spender an geeigneter Stelle. Bei Filmen werden beispielsweise ab und an die Spender im Abspann genannt. So gibt es bei dem erfolgreichen Projekt für die

Unterstützer immer ein wenig Ruhm zu ernten.

2. Die Spendensumme wird innerhalb des festgelegten zeitlichen Rahmens nicht erreicht. Das Projekt ist gescheitert. Hier greift das erwähnte „Alles-oder-Nichts“-Prinzip. Wurden innerhalb der veranschlagten vier Wochen beispielsweise nur die Hälfte, also 7.500 Euro, an Spendengeldern registriert, bekommt die Band nichts davon. Das gilt auch in dem Fall, wenn es statt der 15.000 Euro nur 14.999 Euro sind. Dass Geld wird auf einem „vorgeschalteten Konto“ gelagert, das von der Crowdfunding-Plattformen bis zum Erreichen oder Nichterreichen des Spendenziels verwaltet wird. Somit geht die Band leer aus und kann ihr Projekt nicht umsetzen. Im Gegenzug erhalten die Spender ihr Geld zurück, falls das veranschlagte Ziel nicht erreicht wird.

Wie im ersten Beispiel angemerkt, erwartet die Unterstützer meist ein Dankeschön in Form eines ideellen Wertes. Doch auch eine Firmenbeteiligung (bei Start-Ups z.B.), Geld- oder Sachwerte sind möglich und gar nicht so unüblich.

Grundsätzlich ist zu verzeichnen, dass etwa die Hälfte aller Crowdfunding-Aufrufe von Erfolg gekrönt sind. Der Begriff „Erfolg“ ist dabei durchaus Auslegungssache. Anders ist es beim Misserfolg. Ist das minimale Ziel einer Summe nicht erreicht, gilt das als Scheitern. Da gibt es kein Wenn und Aber. Ist die Pflichtmarke jedoch erfolgreich geknackt, sind keine Grenzen nach oben gesetzt. So gibt es Crowdfunding-Projekte, die das angepeilte Minimum um tausendfache Prozentzahlen überschritten haben. Ist ein Ziel erst einmal erreicht, freut sich auch die Plattform. So finanziert sich *Kickstarter* über diese erreichten Ziele, in dem eine Gebühr von fünf Prozent auf die Gesamtsumme der erfolgreichen Einzelspenden erhoben wird.

Nachfolgend erfahren wir in einige Beispielen von erfolgreichen Crowdfunding-Projekten bei *Kickstarter,* die internationale Beachtung erfuhren. Manchmal nicht nur wegen des großen Erfolges. Denn auch gnadenloses Scheitern ist beim Crowdfunding trotz des erreichten Minimalziels durchaus möglich. Und das ist gerade für die Unterstützer eine wirklich bittere Pille.

Die *Pebble Smart Watch*

Die *Pebble Smart Watch* der amerikanischen Firma Fitbit war 2012 ein echter Vorreiter in ihrer Branche. Heute gibt es Smart Watches von namhaften Großunternehmen wie Apple, aber die Uhr von Fitbit war ein Pionier auf ihrem Gebiet. Der Trick an der Sache: Die Uhr am Handgelenk lässt sich mit dem Smartphone koppeln. So lassen sich SMS versenden, Anrufe tätigen oder Musiktitel aus der eigenen Playlist auswählen. Bei der Crowdfunding-Community war die damals neue Idee ein echter Hit: Mit dem Crowdfunding wurden sage und schreibe 10 Millionen US-Dollar eingenommen. Eine schier utopische Summe für die Macher der Pebble Smart Watch. Mit solch einem Startgeld konnte das Projekt selbstverständlich erfolgreich realisiert werden.

Die Spielekonsole *Ouya*

Spielekonsolen gibt es viele, doch die *Ouya* hatte eine Besonderheit. Sie basiert auf dem Betriebssystem Android und somit lassen sich nahezu unendliche viele Apps und Android-Anwendungen auf die Konsole herunterladen. Diese Downloads waren vorher nur auf Smartphones oder Tablets mit dem entsprechenden Betriebssystem möglich. Der Gedanke machte nicht nur den Erfindern der Ouya Inc. Freude, sondern auch den Crowdfundern: Um die Idee weiterzuspinnen waren 950.000 US-Dollar nötig. Gesammelt wurden stolze 8,5 Millionen und somit wurde die Ouya erfolgreich auf den Markt gebracht.

Der *Coolest Cooler*

Der *Coolest Cooler* von der gleichnamigen Firma ist eine besondere Kühlbox, die mit einer Vielzahl von zusätzlichen Features ausgestattet ist. Es gibt eine USB-Anschluss, integrierte Bluetooth Musikboxen, LED-Lichter und sogar einen kleinen, eingebauten Mixer zum Shaken von Cocktails. Natürlich hat sie auch Stauraum für ihre Kernaufgabe – dem Kühlen von Speisen und Getränken. Diese Aufwertung für den nächsten Tag am Strand oder dem Urlaub auf dem Campingplatz kam gut an: Astronomische 8,1 Millionen US-Dollar, die bei Kickstarter gesammelt wurden, reichten ganz locker für die Umsetzung des Projekts. Mit dieser Summe ist das Projekt um den Coolest Cooler die Nummer Drei auf der Rangliste der erfolgreichsten Funding-Aktionen auf Kickstarter. Aber gleichzeitig – ganz klar und konkurrenzlos – die einsame Spitze in der Kategorie „Größte Desaster des Crowdfundings". Eigentlich stand anhand der gigantischen Millionensumme dem Projekt nichts im Weg. Aber dennoch gab es danach eine schier unüberschaubare Masse von Problemen mit dem Coolest Cooler. So warteten die Supporter vergeblich auf die Auslieferung der heißersehnten Kältebox. Denn die ist mittlerweile ausverkauft und wird nicht mehr produziert. Leider war die Warteliste der Käufer um ein Vielfaches höher als die produzierten Stückzahlen der pfiffigen Kühltruhe. Es entstand ein Schaden von mindestens drei Millionen US-Dollar und der größte Teil der Summe der durch Crowdfunding erzielt wurde, ist schlicht und ergreifend verschwunden. Angesichts der desolaten finanziellen Situation der Herstellerfirma ist eine vollständige

Rückerstattung der getätigten Investitionen, die zum Support des Projekts von der Crowd bezahlt wurden, als höchst unwahrscheinlich einzustufen.

- Kapitel 5 -

MIT EINEM KLICK ZUM ZIEL: PERSONAL FINANCE UND PAYMENT FINTECH

Bei unserer Reise durch das große Fintech-Universum sind wir bereits auf das Thema Personal Finance gestoßen. Kommen wir also zur Königsdisziplin unter den Fintechs. Der Begriff erklärt sich praktisch von selbst: Es geht im Allgemeinen um das private Vermögen und im Speziellen um die Verwaltung von diesem. Wichtigster Faktor ist die Transaktion, also das, was wir gemeinhin als Überweisung oder auch neudeutsch als Remittance bezeichnen. Wie wir erfahren haben, ist Online-Banking mittlerweile eine etablierte Methode und für uns als Nutzer recht üblich. Es wird wohl kaum eine Bank geben, die diesen Service ihren Kunden nicht anbietet. Falls ja, läge das Geldinstitut den zahlreichen Mitbewerbern gegenüber um Lichtjahre zurück. Während die Möglichkeiten einer Überweisung von zu Hause aus und von unterwegs via Smartphone in der Bevölkerung und der breiten Masse akzeptiert ist, befindet sich die Fintech-Branche mit Lösungen zur Personal Finance zwar noch im Aufbau, konnte hier aber schon massive Erfolge verbuchen. Tendenz: Steigend und zwar gewaltig. So vermeldet die Analyse-Website statista.de eine absolute Erfolgsprognose für die nächsten Jahre: Schon im Jahr 2024 sollen die Transaktionssummen in Deutschland die über Personal Fintech-Services vermittelt werden, in etwa 40 Milliarden Euro betragen.

ÜBERWEISUNGEN VIA SMARTPHONE UND CO.: DIGITAL REMITTANCE

Zunächst müssen wir uns einer Gewissheit bewusst werden: Die Bedeutung der Remittance, also der Überweisung, steigt immer noch massiv. Ein Ende ist derzeit nicht abzusehen. Die überwiesenen Summen brechen in ihrer Gesamtheit Jahr für Jahr Umsatzrekorde. Unterschiede bei der konkreten Auslegung dieses Begriffes gibt es dennoch. Und so muss heute immer noch zwischen der herkömmlichen Überweisung über die Bank und der Überweisung unter Verwendung digitaler Lösungen unterschieden werden. Zum jetzigen Zeitpunkt hat die Form der Überweisung ohne den Einsatz von Fintech noch immer die sprichwörtliche Nase vorne. Insgesamt wurden im Jahr 2019 im privaten Sektor eine Gesamtsumme von 670 Milliarden US-Dollar von Person zu Person transferiert. So lautet zumindest die Analyse der Fachzeitschrift Business Insider. Von dieser Summe wurden noch 423 Milliarden US-Dollar nicht digital umgewälzt, das bedeutet zum Beispiel via Überweisungsterminal in der Bankfiliale. Die restlichen 247 Milliarden US-Dollar wurden bereits zum Beispiel per PayTech überwiesen.

Dies ist ein Grad der Verteilung, der bald der Vergangenheit angehören wird. Da sind sich zumindest die Fachleute des Business Insider sehr sicher. Für das Jahr 2024 ist nicht nur ein neues Rekordhoch bei den Transaktionssummen prognostiziert, sondern auch ein signifikanter Wechsel in der Verteilung der verschiedenen Überweisungsarten. Erstmals soll das Überweisungsvolumen von Online-Lösungen das analoge Pendant übersteigen. Bei einer erwarteten Gesamtsumme von 750 Milliarden US-Dollar, die zwischen privaten Personen auf der ganzen Welt transferiert werden, sollen laut Hochrechnung 387 Milliarden US-Dollar digital durchgeführt werden. Das ist deshalb von Bedeutung, da zum ersten Mal in der Geschichte der finanziellen Transaktion die nichtdigitale Überweisung nicht mehr den größten Anteil am Gesamtvolumen besitzt. Auch wenn der Vorsprung dann noch überschaubar ist, beträgt der prozentuale Anteil von Transaktionen, die online getätigt werden, mehr als 50 Prozent. Der Wechsel von der Überweisung auf die digitale Variante kommt folglich schleichend. Und er zeichnet sich schon jetzt deutlich ab. Bei der Betrachtung der Akzeptanz von Online-Überweisungsmöglichkeiten muss jedoch deutlich zwischen privater und gewerblicher Überweisung unterschieden werden. Während der Trend bei den privaten Nutzern beständig steigt, ist das Online-Banking bei Unternehmen aller Größen bereits absoluter Usus.

Interessant ist ebenfalls die weitere Entwicklung der internationalen Überweisungsindustrie. Denn die ist zwar jetzt schon billionenschwer, kratzt aber in baldiger Zukunft an der Billiardengrenze. Zur Veranschaulichung: Wir sprechen hier von einer Zahl mit 15 Nullen. Laut einer 2020 veröffentlichten Studie bzw. Hochrechnung von Allied Market Research soll das Gesamtvolumen aller weltweit getätigten Überweisungen von Kopf zu Kopf unfassbare 930 Milliarden US-Dollar betragen.

Doch wie ist dieser Trend zu erklären? Zumindest steht anhand dieser Zahlen fest, dass die digitale Form der Überweisung für Kunden mehr und mehr attraktiver wird. Ein Punkt von Bedeutung ist ohne Zweifel das Thema Komfort. Während der Kunde sich für die ganz ursprüngliche Form der Überweisung in die Filiale der Hausbank bewegen muss, kann er dank den Anbietern von Digital Remittance Services eine beliebige Summe von zu Hause aus überweisen oder direkt von unterwegs. Das spart Zeit und Geld, in diesem Falle zum Beispiel beim Weg oder der Anfahrt in die nächste Filiale der Bank. Gebühren entstehen natürlich trotzdem. Digital Remittance Anbietern im privaten Bereich kommt neben dem Komfort meist noch ein weiterer Vorteil zu Gute: Oft sind die Gebühren pro Überweisung günstiger, als wir es von den Angeboten etablierter Finanzhäuser gewohnt sind. Dies ist ein Attribut, mit dem zum Beispiel der Marktführer PayPal (erfolgreich) wirbt. Das bedeutet einen klaren Punkt für das Fintech-Unternehmen im Sektor Digital Remittance und somit einen Indikator, der den wachsenden Erfolg der Branche erklärt. Selbstverständlich ist das kein Patentrezept. Letztendlich kommt es auf die Konditionen der jeweiligen Hausbank an. Im globalen Vergleich haben die Fintech-Unternehmen die Nase jedoch ein Stück weit vorne. Und dies erklärt auch den steigenden Anteil der digitalen Überweisung, wie es von den Finanzexperten von Business Insider vermutet wird.

Auch wenn PayPal als der absolute Superstar unter den Remittance-Diensten gilt, bedeutet dies nicht, dass es keine Konkurrenz gibt. Nach wie vor gibt es eine

Bezahlmethode, die insbesondere im Internet an und für sich kaum mehr wegzudenken ist. Die Rede ist von der guten, alten Kreditkarte. Die Abwicklungen von Onlinekäufen mittels Kreditkarte hat einen zusätzlichen Vorteil: Gemeinhin gilt sie als sicher. Dies ist ein Attribut, das manchem Fintech-Anbieter noch fehlt. Es gilt jedoch zu beachten, dass diese Wahrnehmung von Land zu Land höchst unterschiedlich ist. So sind in skandinavischen Ländern Bezahlmöglichkeiten per App absolut salonfähig und stellen nicht nur eine Konkurrenz zum Online-Banking der Kredit- und Finanzinstitute dar, sondern gelten dort gar als der Sargnagel für Bargeld. In Deutschland hingegen herrscht noch eine gewisse Vorsicht, wie die genannten Zahlen belegen. Dennoch ist diese Skepsis rückläufig und immer mehr Kunden schwören auf die einfachen Abläufe, die diese alternative Methode der Bezahlung mit sich bringt. Weiteren Fintech-Unternehmen, die diese Form von Service anbieten sind zum Beispiel Apple Pay oder Google Pay.

- Kapitel 6 -

ALGORITHMEN UND INVESTITIONEN: WEALTH TECH UND ROBO ADVISORS

Es hört sich so schön nach Zukunft an und wirft eine bedeutsame Frage auf: Was mag bloß ein Robo Advisor sein? Die Antwort ist relativ simpel – ein Roboter im herkömmlichen Sinne ist das natürlich nicht. Hinter dem futuristisch anmutenden Begriff versteckt sich nicht mehr, als jede Menge Mathematik in App-Form. Und: Ein solcher Robo Advisor ist praktisch ein Finanz- bzw. Anlageberater in digitaler Version. Der Robo Advisor ist eine Art intelligentes Tool, das mit Hilfe von Algorithmen regelmäßig den Kapitalmarkt sondiert, Möglichkeiten zur Anlage analysiert und Empfehlungen präsentiert. Dies ist besonders spannend für diejenigen, die mit eher geringen Kapitalmengen spekulieren möchten. Dabei läuft alles völlig automatisiert ab und kommt ohne menschliches Zutun aus. Deshalb auch der Name „Robo“. Dabei reagiert dieses Programm auf das persönliche Vermögen, individuelle Risikobereitschaft sowie die Ziele des Anlegers. Dazu werden verschiedene Portfolios ausgesucht, die in das persönliche Profil passen. Für den Kunden bieten sich umfangreiche Möglichkeiten, auch in Sachen Handling. Die Fintech-Firmen, die Services mit Robo Advisorn einsetzen, setzen auf schnelle und überschaubare Bedienung und Benutzerfreundlichkeit. Der Robo Advisor kann jedoch nicht nur empfehlen, sondern auch gleich umsetzen und Kapital einsetzen. Wie dieses technische Hilfsmittel nun im Detail agiert und reagiert, liegt jedoch am Benutzer selbst. Es kommt letztendlich darauf an, wie viele Freiräume dem Advisor gelassen werden. Das will gut überlegt sein, schließlich geht es um das hart erarbeitete Geld. Für die Anbieter dieser Technologie hat dies eine Vielzahl von Vorteilen. Der Robo Advisor arbeitet selbstständig und hat durch geringe Wartung und Kosten einen Vorteil gegenüber einem menschlichen Mitarbeiter, der schließlich bezahlt werden muss. Ist der Robo Advisor einmal programmiert, kostet das Tool so gut wie nichts mehr. Das schlägt sich in den Kosten für den Nutzer wieder. Somit eröffnet der Einsatz eines Robo Advisors eine völlig neue

Zielgruppe. Nämlich die Art von potentiellen Kunden, die zwar Interesse an Themen wie Investments zeigen, sich aber die Beratung eines herkömmlichen Anlageberaters schlicht und ergreifend nicht leisten können oder wollen. Wer bei der Beratung dennoch einen persönlichen (menschlichen) Ansprechpartner schätzt, kann auch Mischformen aus Robo Advisor und direkter Beratung durch einen „echten Anlageberater" in Anspruch nehmen. Dieser Form kommt trotz steigender Akzeptanz des Robo Advisors eine große Bedeutung bei. Oft ist das Vertrauen von privaten Kunden gegenüber einem Mitarbeiter höher, als es bei einer „Maschine" der Fall ist. Der Robo Advisor ist ein Werkzeug, dem mittlerweile große Chancen für die Zukunft eingeräumt werden. Auch etablierte Banken haben das Tool für sich entdeckt. Im Laufe der Zeit werden und wurden die Robo Advisor stets verbessert und lassen sich zunehmend individueller je nach Anlagemöglichkeiten programmieren. So gibt es Robo Advisor, die zum Beispiel gezielt nach Anlagekonzepten forschen, die sich besonderen Themen wie Nachhaltigkeit widmen. Es liegt also am persönlichen Geschmack des Nutzers, wie ein solcher Robo Advisor überhaupt aktiv wird. Und natürlich spielt auch ein gewisses Maß an Vertrauen eine Rolle. Die Funktionsweise eines Robo Advisor ist eng mit der Idee der künstlichen Intelligenz verknüpft. Dieser Teil der vielen Anwendungsmöglichkeiten von künstlicher Intelligenz wird in der Vermögensverwaltung der Zukunft eine immer weiter wachsende Rolle spielen wird. Übrigens gibt es bei der Definition von „Vermögen“ Unterschiede. In den USA boomen spezielle Robo Advisor, die sich ausschließlich um die Verwaltung von Rente oder Pension kümmern. Das bezeichnet einen wieteren Aspekt, der Erfolg verspricht. Die digitalen Berater sind leicht in der Handhabung und bieten somit auch denjenigen Altersgruppen eine Möglichkeit zur Vermögensverwaltung, die landläufig als weniger technikaffin gelten.

Im Allgemeinen lassen sich drei verschiedene Arbeitsweisen unterteilen:

1. Tools zur Beratung: Dies ist die einfachste Variante der Möglichkeiten eines Robo Advisors. Es wird lediglich eine Software zur Verfügung gestellt, die den Markt analysiert und Empfehlungen ausspricht. Ob ein Bestandteil eines Portfolios gekauft

wird, liegt am Ende jedoch immer noch beim Kunden selbst.

2. <u>Beratung zu individuellen Fondslösungen:</u> Einen Schritt weiter geht es bei dieser Variante. Der Robo Advisor fasst zuvor erstellte Portfolios gebündelt zusammen. Diese kann der Kunde ganz herkömmlich über die Börse kaufen.

3. <u>Robo Advisor als Verwalter von Depots:</u> Wenn Robo Advisor als Depotverwalter fungieren, gilt das als das umfassendste Angebot für die Kunden. Zunächst wird ein Portfolio ermittelt. Anschließend wird die Anlage umgesetzt und überwacht. Dieses Verfahren geschieht in Kooperation mit einer Partnerbank.

Heute werden insbesondere verstärkt Robo Advisor eingesetzt, um kleinere Depots zu verwalten. Dies jedoch in einem relativ eng vorgegebenen Rahmen. Robo Advisor unterliegen in Deutschland der Aufsicht der BaFin, der Bundesanstalt für Finanzdienstleistungsaufsicht. Denn meist haben die Anbieter dieser digitalen Beratungsform keine eigenen Banklizenzen. Somit wird im überwiegenden Teil der Fälle eng mit einer Partnerbank zusammengearbeitet. Aber Ausnahmen bestätigen die Regel. Mittlerweile gibt es bereits Fintech-Unternehmen, die eine gültige Banklizenz besitzen, die Anzahl ist allerdings (noch) überschaubar.

Wenn es um die Anbieter von Robo Advisors geht, sind im Ländervergleich die Anteile klar verteilt. Die Marktführer sitzen in den USA. Insbesondere Firmen aus dem Silicon Valley in Kalifornien haben einen erstaunlichen Werdegang hinter sich und haben sich auf dem Finanzmarkt als interessante Alternative etabliert. Hier ist besonders das Unternehmen Vanguard International erwähnenswert. Weitere bedeutende und global operierende Unternehmen sind Schwab, Betterment, Personal Capital und Wealthfront. Die größten Anbieter auf dem Markt in Europa sind Nutmeg (Großbritannien) und Scalable Capital (Großbritannien und Deutschland). In Deutschland haben ebenfalls namhafte Firmen den Markt für sich entdeckt. Scalable Capital ist bei uns Marktführer, gefolgt von den Robo Advisor-Anbietern Liquid, Cominvest, Quirion und Growney. Mittlerweile werden bei diesen Unternehmen respektable Summen umgesetzt. Zwischen dem US-amerikanischen und dem europäischen bzw. deutschen Markt klaffen jedoch noch gewaltige Lücken. So hat Vanguard seit der Gründung im Jahr 2016 satte 112 Milliarden US-Dollar als Anlagen verwaltet. Beim europäischen bzw. deutschen Pendant sind es „nur“ 1,3 Milliarden Euro. Beide Zahlen sind deutliche Signale für eine weitläufige Etablierung des Konzepts des Robo Advisors, auch wenn der europäische Markt im Vergleich zum US-Amerikanischen Markt noch ein wenig Nachholbedarf zeigt.

Mit den Robo Advisors haben wir nun ein Beispiel einer gesamten Tech-Branche kennengelernt: Der Wealthtech. Die wörtliche Übersetzung aus dem Englischen wäre „Reichtumstechnologie“ und das wirkt ein wenig arg hochtrabend. Das ist weder richtig, noch sagt sie aus, was gemeint ist. Korrekt ist die Übersetzung ins Deutsche als „persönliche Vermögensverwaltung unter dem Einsatz von Technologie“. Neben unseren digitalen Beratern wie dem Robo Advisor, gibt es verschiedene Betätigungsfelder. Künstliche Intelligenz und Mikroinvestitionen sind hier große Schlagwörter. Der Begriff Wealthtech beschreibt auch die Möglichkeiten des Handelns auf Social Media Plattformen.

Einer besonderen Bedeutung kommt dem Thema Mikroinvestitionen bei. Fintech-Unternehmen stellen somit die Möglichkeit in Aussicht, auch mit Kleinstbeträgen zu spekulieren. Durch die geringen Kosten, die bei einer App entstehen, sind diese Angebote oft provisionsfrei. Stattdessen bezahlen die User eine Monatsgebühr, um den Service nutzen zu können. Auch hier fallen extrem überschaubare Kosten an. Der US-Anbieter Stash zum Beispiel berechnet eine monatliche Summe von einem US-Dollar. Ein geringes Risiko, minimale Gebühren und die Aussicht auf kleine, aber stetige Gewinne ist für den Kunden ein verlockendes Angebot. Attraktiv ist die Form der überschaubaren Anlage vor allem für jüngere Zielgruppen, die noch nicht voll im Berufsleben stehen und dennoch Interesse am Thema Investment haben.

- Kapitel 7 -

INSURTECH: DIGITAL INS THEMA VERSICHERUNGEN

Neben den Remittance-Angeboten, die als eines der gängigsten und erfolgreichstesn Fintech-Modelle angesehen werden können, sind zahlreiche Start-Ups auch in das Thema Versicherungen eingestiegen. Diese Aussage bedeutet allerdings nicht, dass diese Unternehmen nun selber Versicherungen anbieten. Sie bieten lediglich die Möglichkeiten, die Konditionen verschiedener (etablierter) Versicherer zum Beispiel mit einer App zu vergleichen. Das Wort „lediglich" ist dabei mit Vorsicht zu genießen, denn hier lässt sich trotzdem eine Menge Geld verdienen. Denn die Anbieter solcher Portale, die dem Kunden einen direkten Vergleich der Angebote inklusive aller anfallenden Kosten und Laufzeiten ermöglichen, treten hier als Makler auf. Dies erklärt auch gleichzeitig die Form der Finanzierung. Durch die enorm vereinfachte Darstellung der Angebote verschiedener Versicherer ist der Gang ins nächste Versicherungsbüro überflüssig geworden. Mit nur wenigen Mausklicks lassen sich Konditionen vergleichen und das von zu Hause aus oder von unterwegs. Hier stehen also besonders Übersichtlichkeit, einfache Bedienbarkeit und Komfort im Fokus. Und natürlich die Aussicht, Geld zu sparen. Deshalb ist der Insurtech-Markt, wie diese spezielle Form von Fintech heißt, hart umkämpft. Einige Anbieter konnten sich dabei bereits als „Big Player" auch auf dem deutschen Markt etablieren. Als Beispiel sei hier das Vergleichsportal Check24 zu nennen, das längst keine Nischenfirma mehr ist. Mit einer Werbekampagne, die auch eine Vielzahl von Spots im Fernsehen miteinschließt, hat sich das Unternehmen einen bedeutenden Namen auf dem Versicherungsmarkt gemacht – sehr zum Leidwesen der etablierten Makler. Check24 ist auf Versicherungen nicht explizit festgelegt. Auch die Konditionen anderer Dienstleistungen können verglichen werden. Weltweit sprießen die Insurtechs aus dem Boden, als globaler Star ist dabei wohl die chinesische Firma Zhong An zu bezeichnen, einem der ersten reinen Online-Versicherer. Zhong An legte in den letzten Jahren einen mehr als erstaunlichen Durchmarsch hin. Das liegt nicht zuletzt an den exotisch anmutenden Versicherungen, die bei

Zhong An eine Zeit lang abschließbar waren. So wurde beispielsweise eine Online-Versicherung gegen selbst verursachte Alkoholvergiftung oder Versicherungen gegen zu heiße Temperaturen angeboten. Mit diesen willkürlichen Versicherungsarten war zwar irgendwann Schluss, aber an dem grundlegenden Arbeitsprinzip hat sich nicht viel geändert.

Die digitale Konkurrenz ist somit da und expansiv. Und das sehr zum Ärgernis der etablierten Versicherungsgesellschaften. Prognosen, wie der Einschlag von Insurtech auf den globalen Finanzmarkt aussehen kann, wurden bereits 2016 von der Unternehmens- und Strategieberatungsgesellschaft McKinsey & Company veröffentlicht. Nach Ansicht der New Yorker Berater steht demnach jeder vierte Job von „Offline-Versicherungsmaklern" aufgrund des Erfolgs der Fintech-Unternehmen im Insurtech-Bereich auf der Kippe.

So unterschiedlich die verschiedenen Insurtechs auch sind, können die größten Erscheinungsformen recht gut abgegrenzt werden. Nachfolgend ein kleiner Auszug der verschiedenen Sparten:

1. Health Insurtech: Health Insurtech soll die gängige Krankenversicherung ablösen. Dazu erstellen Apps individuelle Versicherungskonditionen. Diese basieren auf freiwilligen Angaben oder der Auswertung gesundheitsbezogener Daten, die von Smartphone-Apps ausgelesen werden.

2. Peer-to-Peer Insurance: Hier kommen wir wieder zum Begriff Peer-to-Peer. In diesem Format können sich Versicherte zu Gruppen zusammenschließen. Kommt es zu einem Schadensfall, wird sich gegenseitig mit finanziellen Mitteln unterstützt. Es handelt sich hier um eine Form des „sozialen Versicherns".

3. Contract Management: Dieses Format dient der einfachen Visualisierung der in Anspruch genommenen Versicherungen. Dies unterstützt den vereinfachten Vergleich verschiedener Anbieter, dem Versicherungswechsel oder der Kündigung von Versicherungen.

4. E-Commerce Insurance: Die E-Commerce Insurance beschreibt einen eher neuen Versicherungstrend. Sie erlaubt es, mobile Endgeräte zu versichern. Wird ein Smartphone oder Tablet beschädigt zahlt diese Versicherung den Schaden, falls die Garantie des jeweiligen Gerätes bereits erloschen ist.

- Kapitel 8 -

TRAVELTECH: EINMAL UM DIE WELT MIT DER SMARTPHONE-APP

Bei all diesen Angeboten kommen die Banken überall auf der Welt nicht zu Unrecht ins Schwitzen. Doch die Macher neuer Fintech-Angebote rücken nicht nur den etablierten Kreditinstituten und Versichern auf den Leib. Auch die Reisedienstleister – soll heißen die Reisebüros – sind durch relativ neue Fintech-Unternehmen in ihrer Vormachtstellung bedroht. Anbieter wie Airbnb liegen schon seit Jahren im Trend. Hinter dem Erfolg steckt vor allem ein einfaches Konzept. Private Anbieter können ihre Wohnungen oder Häuser für den Fall, dass sie sich nicht vor Ort aufhalten, zum Wohnen und Übernachten an andere Personen vermieten. Das hat drei Vorteile: Der Mieter auf Kurzzeit spart sich die Kosten für die Unterbringung im Hotel oder in einer Ferienwohnung. Und derjenige, der die Räume für den Rest des Jahres bewohnt, kann sich über einen kleinen zusätzlichen Verdienst freuen. Außerdem gibt es wieder den Vorteil, den ein Fintech-

Anbieter eben so mit sich bringt. Ganz leicht per App bedienbar lässt sich so weltweit eine Bleibe suchen und finden. Das Mieten und Vermieten der eigenen vier Wände ist übrigens nicht auf „stationäre Lösungen“ beschränkt. Es muss auch nicht immer eine „stationäre Immobilie“ sein. Auf das prinzipiell gleiche Verfahren hat sich das Start-Up Yescapa fokussiert. Allerdings werden dort keine Wohnungen, Häuser oder Apartments zum temporären Tausch angeboten, sondern Wohnmobile und Camper.

Mit einer weiteren, nicht allzu neuen, aber sehr kreativen Methode gingen die Fintechs tradeyour-trip.de, retravel, stornopool und jumpflight in die Marktreife und über die Idee, einfach nur eine Reise zu buchen, hinaus. Das Ziel ist es, Ersatzreisende zu finden. Was damit gemeint ist, erläutern wir an dem folgenden Beispiel. Stellen Sie sich vor, Sie planen eine Pauschalreise bei einem normalen Reisedienstleister. Durch irgendeinen Grund sind sie nicht in der Lage, ihre gebuchte und bereits bezahlte Reise anzutreten. Blasen Sie die Reise ab, ist das ist in den meisten Fällen und sofern keine bestimmten, schwerwiegenden Umstände höherer Gewalt vorliegen, eine teure Angelegenheit. Denn nun gilt es, Stornokosten zu bezahlen und die fallen nicht gerade bescheiden aus. Das Geld ist also zum größten Teil weg und der heißersehnte Urlaub sowieso. Doch die zuvor genannten Portale schaffen Abhilfe. Kunden können dort eine bereits bezahlte Reise zum Verkauf anbieten. Das bedeutet also, dass eine Ersatzperson (oder Gruppe von Personen) gesucht wird, die stattdessen den Urlaub antritt. Die Reise wird somit an andere Personen weiterverkauft, um somit die hohen Stornokosten zu sparen. Auch der Anbieter verdient natürlich Geld. Die Firmen treten als Makler auf und kassieren bei einer erfolgreichen Vermittlung eine satte Provision. Die liegt jedoch unter der Summe, die der verhinderte Reisende bei einer herkömmlichen Stornierung verlieren würde. Falls Zweifel entstehen: Diese Methode ist in Deutschland völlig legal und im Bürgerlichen Gesetzbuch unter § 651b geregelt. „Bis zum Reisebeginn kann der Reisende verlangen, dass statt seiner ein Dritter in die Rechte und Pflichten aus dem Reisevertrag eintritt", heißt es dort eindeutig. Dass eine Reise nicht angetreten werden kann, ist kein Einzelfall und somit klingt das Prinzip wie eine Goldgrube. Das kann sie auch sein, muss aber nicht.

Denn Traveltech an sich verspricht noch keinen bahnbrechenden Erfolg, auch wenn die Idee noch so gut ist. Diese Erfahrung musste das deutsche Traveltech-Unternehmen Alcandia machen. Im Jahre 2016 startete das Portal seinen Service und musste schon nach drei Jahren im Sommer 2019 seinen Rückzug antreten. Über den Grund kann nur spekuliert werden, aber scheinbar herrscht in dieser Sparte bereits eine starke Konkurrenz, wie die zuvor aufgezählte Liste von Anbietern bestätigt. Außerdem habe Reiseportale und ganz besonders die Reisebüros einen deutlichen Vorteil. Eine Pauschalreise zu buchen, ist für viele Menschen vergleichbar mit dem Kauf eines neuen Autos. Das wird nicht häufig gemacht und es werden verhältnismäßig hohe Geldbeträge investiert und somit legen die meisten Käufer einen gesteigerten Wert auf die persönliche Beratung und Sicherheit am jeweiligen Reiseort.

Somit haben es die heutigen Anbieter von Traveltechs nicht unbedingt leicht. Der Markt gilt als relativ gesättigt. Auch wenn innovative Ideen dahinterstecken, ist der finanzielle Erfolg nicht unbedingt vorprogrammiert. Ein Beispiel für ein solches Schicksal waren auch die Traveltech-Anbieter von tripl.de. Die

Idee, die dahinter steckte, bedeutete eine echte Innovation. Der Nutzer „durfte“ sich seinen bevorzugten Ort für eine Reise nicht selber aussuchen. Stattdessen wurde das Ziel ganz automatisch errechnet bzw. festgelegt. Die Basis dieser Berechnungen war das Social-Media-Profil des Nutzers bei Plattformen wie Facebook oder Instagram. Nach der Beantwortung einiger Fragen spuckte die Software ein Reiseziel aus, das für den Kunden wie auf den Leib geschneidert schien. Tripl.de bestach dabei nicht nur mit einem gewissen Grad an Nervenkitzel, sondern auch mit einer enormen Zeitersparnis. So soll laut Aussage der Firma die Auswahl eines Reiseziels auf herkömmliche Art und Weise bis zu 12 Stunden in Anspruch nehmen. Mit dem Traveltech-Anbieter soll das Thema in nur einer halben Stunde erledigt sein. So weit, so kreativ. Letztendlich war die Idee aber dann doch nichts für die breite Masse. Die Homepage des Anbieters ist nicht mehr erreichbar, der letzte Post auf Instagram stammt aus dem Jahre 2016. Somit ist das Schicksal, was aus dieser eigentlich frischen Idee nun wird, sehr ungewiss.

- Kapitel 9 -

DIE GRÖßTEN FINTECH-UNTERNEHMEN IM WELTWEITEN VERGLEICH

Wir haben erfahren, dass Fintech boomt. Aber wo boomt es so richtig? Dieser Frage geht jedes Jahr KPMG akribisch nach. KPMG ist ein weltweites Netzwerk aus unabhängigen Wirtschaftsprüfern, Management-, Steuer- und Unternehmensberatern. Das Netzwerk hat es also in sich und geht mit geballtem Know-How und ultimativer personeller Power an den Start: Im Jahr 2017 arbeiteten etwa 200.000 Mitarbeiter an Standorten in insgesamt 154 Ländern und erwirtschafteten etwas um die 26 Milliarden US-Dollar.

Und genau dieses Netzwerk macht es sich alljährlich zum Ziel, die 100 weltweiten Fintech-Unternehmen auszuwählen, die so richtig durchstarten. Diese Bestenliste trägt den Namen „The Fintech100“. Dieses Ranking hat mittlerweile Tradition: Im Jahr 2019 brachte KPMG dieses Ranking bereits zum insgesamt sechsten Mal heraus. Dies geschieht übrigens nicht in alleiniger Regie. Bei dieser Erhebung ist auch die Firma H2 Ventures mit von der Partie. Die australische Risikokapital-Firma ist spezialisiert auf Fintech und Anwendungsformen von künstlicher Intelligenz. Seit der Premiere 2013 gibt es vor allem einen interessanten Trend zu beobachten. Die Anteile von Fintech-Unternehmen aus dem asiatischen Raum steigen stetig. Damit ist nicht nur China gemeint. Auch Indien legt in der Branche kräftig zu und kommt mit innovativen Plattformen für die breite Masse auf den Markt.

Das Unternehmen listet in der „The Fintech100" hälftig die Firmen, die das meiste Kapital besitzen. Außerdem wird der Disruptionsgrad in der Auswahl dieser Top 50 berücksichtigt. Disruption bedeutet in diesem Falle die Wucht der Veränderung in der gegenwärtigen Finanzbranche. Hinzu kommt eine eher subjektive Bewertung durch eine Fachjury, die zusätzlich die Umsetzung der (möglichst innovativen) Idee bewertet. Außerdem wird ein Urteil über Service und Serienreife der angebotenen Produkte gefällt. In dem zweiten Teil der Liste wird die „Emerging Star"-Kategorie aufgestellt. Dieser

Teil umfasst 50 innovative Start-Ups mit den vielversprechendsten und frischesten Ideen.

Schauen wir uns doch „The Fintech100“ einmal genauer an. Wie bereits angedeutet, holt der asiatische Markt in Sachen Fintech gewaltig auf. In der Liste des Jahres 2019 kommen 34 Fintech-Unternehmen aus dem asiatischen Raum. 36 Firmen stammen aus dem europäischen Raum, dem Mittleren Osten und Afrika. Bitte nicht wundern: In der Aufstellung von KPMG und H2 Ventures wird dieser Raum gerne zusammengefasst. 22 Fintechs stammen aus Nord- und Südamerika und weitere 8 aus Australien und Neuseeland. Die meisten dieser in „The Fintech100“ gelisteten Unternehmen haben sich auf Payment Fintech spezialisiert. Insgesamt 26 Einzelunternehmen legen ihren Fokus auf diese Form von Fintech. Das ist nicht ungewöhnlich: Bereits im Vorjahr dominierte diese Sparte die Top-Liste. Außerdem weit oben angesiedelt sind die Wealthtechs (siehe auch Robo Advisors). Insgesamt 20 Techs dieser Sparte finden sich im Ranking, sowie 17 Insurtechs und 15 Lendingtechs. Die restlichen der genannten Unternehmen sind zum größten Teil Mischformen der genannten Sparten, die auch überaus populär und erfolgreich sein können.

„THE FINTECH100“: POWER AUS ASIEN

Laut KMPG und H2 Ventures sind die zehn größten Fintech-Unternehmen im weltweiten Vergleich die folgenden: (gemäß der „The Fintech100“-Liste von 2019)

1. Ant Financial (China): Ant Financial ist eine chinesische Fintech-Firma und eine Tochter der bekannten Alibaba-Group. Ant Financial ist das erfolgreichste und am höchsten bewertete Fintech-Unternehmen überhaupt und wird auf einen Wert von 150 bis 200 Milliarden Dollar geschätzt. Gleichzeitig gilt Ant Financial als das erfolgreichste Start - Up in diesem Bereich. Das Unternehmen betreibt mehrere Plattformen, darunter auch Alipay, die weltweit größte Plattform von Online- und Mobilezahlungen.

2. Grab (Singapur): Die Grab Holdings Inc., kurz Grab, gilt derzeit als zweitgrößter Anbieter von Fintech-Lösungen. Populär

wurde Grab als „Ride-Hailer“. Dies beschreibt die Möglichkeit via Handy oder PC ein Taxi oder andere Beförderungsdienstleister zu bestellen. Außerdem ist Grab im großen Feld der Finanzdienstleistungen aktiv.

3. JD.com (China): Mit JD.com ist ein weiteres chinesisches Unternehmen auf den Spitzenrängen der „The Fintech100“ – aber nur auf Platz drei. Das war nicht immer so: JD.com war bereits auf dem Spitzenplatz der Liste von KMPD und H2 Ventures. Dennoch ist der Erfolg ungebrochen. JD.com betreibt auf dem heimischen Markt die gleichnamige Online-Handelsplattform, die auf dem internationalen Markt als joybuy.com bekannt ist.

4. GoJek (Indonesien): Den vierten Platz belegt ein Unternehmen aus dem südostasiatischen Raum mit dem komplizierten Namen „PT Aplikasi Karya Anak Bangsa“ – oder auch ganz kurz GoJek genannt – mit Sitz in Jakarta. Sie bietet On-Demand-

Multi-Service-Dienstleistungen und ist auch im Bereich der Finanztechnologie aktiv. Die passende App bietet rund 20 verschiedene Services, darunter Online-Shops, eine Möglichkeit zum Online-Taxiruf oder dem Bestellen von Essen via Lieferservice.

5. Paytm (Indien): Wie der Name bereits vermuten lässt, hat sich der indische Anbieter Paytm ganz der Paytech verschrieben und bietet diverse Multi-Service-Optionen für den Endverbraucher. Auf der Homepage lassen sich Reisen buchen, Prepaid-Guthaben ordern oder auch die Stromrechnung bezahlen. Auch in vielen Restaurants, Hotels oder sogar Apotheken können Kunden mit Paytm bezahlen, genauer gesagt mit einem QR-Code. Außergewöhnlich ist deren Verbreitung. Die Services von Paytm sind in elf verschiedenen indischen Sprachen verfügbar.

6. Du Xiaoman Financial Group (China): Mit der Du Xiaoman Financial Group belegt ein weiteres chinesisches Fintech-Unternehmen einen Spitzenrang in der Hitliste. Die Gruppe hat sich auf Short-Term-Loans, also Kredite von kurzer Laufdauer spezialisiert und ist somit ein Lending-Tech. Das Unternehmen mit Sitz in Peking bietet ebenfalls verschiedene und weiterführende Investitionsmöglichkeiten an.

7. Compass (USA): Mit Compass zieht das erste Unternehmen in die Top Ten ein, das nicht aus dem asiatischen Raum stammt. Die Firma mit Sitz in New York ist online in den Immobilienhandel eingestiegen und bietet die Möglichkeit, interessierte Käufer mit Maklern in Echtzeit zu zusammenzubringen. Compass hilft auch Hausbesitzern, die ihre Immobilie verkaufen möchten und vermittelt Übergangskredite.

8. Ola Cabs (Indien): Ola Cabs ist ein Rideshare-Unternehmen. Dies beinhaltet in diesem Fall nicht nur die Organisation

von Fahrgemeinschaften, sondern sogar von Luxusreisen. Auf der Homepage des Unternehmens lassen sich ebenfalls Essensbestellungen aufgegeben und Mietwagen leihen.

9. Opendoor (USA): Das Unternehmen Opendoor ist eine US-Amerikanische Fintech-Firma und hat sich ebenfalls dem Immobilienhandel verschrieben. Mittels einer speziellen App können Käufer und Verkäufer unabhängig des Standortes leicht miteinander in Kontakt treten. Insbesondere die Aufstellung eines Angebots bei einem Hauskauf bzw. Verkauf ist eine Besonderheit. Das ist für den User innerhalb von 24 Stunden möglich.

10. OakNorth (Großbritannien): Mit OakNorth auf Platz 10 der „The Fintech100" zieht auch ein europäisches Unternehmen in die Top Ten ein. OakNorth bietet Kredite an, insbesondere für kleine und mittlere Unternehmen sowie Immobilienkredite. Die Bandbreite der Kredithöhe variiert

zwischen 500.000 und 25 Millionen britischen Pfund. Ende 2019 hatte OakNorth bereits mehrere Milliarden Pfund verliehen und ist im Besitz einer vollständigen Banklizenz.

DIE FINTECH-LEADER IN DEUTSCHLAND

Deutschland gilt nicht zuletzt seit der Banken- und Finanzkrise als Symbol eines soliden Standortes der Finanzwirtschaft im internationalen Vergleich. Insbesondere Frankfurt am Main gilt als das kleine Ma(i)nhattan in Deutschland und als Epizentrum der Finanzbranche. Somit ist es auch wenig verwunderlich, dass es in Deutschland ein beachtliches Aufkommen neuer, kreativer Fintech-Start-Ups gibt. Und die bestechen nicht nur mit guten Ideen, sondern auch mit ausgeklügelten Konzepten zur wirtschaftlichen Nachhaltigkeit. Etwas überraschend ist jedoch, dass es gerade nicht die Main-Metropole ist, die als deutsche Fintech-Hauptstadt bezeichnet werden könnte. Lediglich eines der deutschen Top 10-Fintechs stammt aus Frankfurt am Main und somit einer Stadt, die offenbar immer noch das bevorzugte Parkett der etablierten Konzerne ist. Stattdessen gibt es gerade in den kreativen Ballungsräumen Berlin und Hamburg einen Start-Up-Boom, der einige erfolgreiche, deutsche Fintech-Giganten hervorgebracht hat.

Die Umsätze, die deutsche Anbieter von Fintech mittlerweile generieren, können sich auf dem globalen Parkett durchaus sehen lassen. Auch wenn es kein deutsches Unternehmen in die Top Ten der „The Fintech100“ von KMPD und H2 Ventures geschafft hat. Ein Blick auf die deutsche Szene in Sachen Fintech lohnt sich jedoch allemal. Dennoch wollen wir hier nicht die schieren Zahlen zum Umsatz sprechen lassen, sondern die Idee, die dahintersteckt und zum Erfolg führte. Denn die Frage ist: Welche Fintechs laufen, welche nicht?

Nachfolgend die zehn deutschen Top-Fintechs: (Stand 2019, in Klammern der Firmensitz und das Datum der Firmengründung)

1. Kreditech (Hamburg, 2012): Wie der Name bereits vermuten lässt, hat sich die Hamburger Firma Kreditech auf die Vergabe von (Klein)-Krediten spezialisiert. Das Besondere: Kreditech prüft die Bonität der potentiellen Nehmer von Krediten nicht mittels der herkömmlichen Verfahren wie einem Abgleich mit der Schufa, sondern durch eine Analyse der Online-Daten.

2. Aevi (Paderborn, 2015): Aevi mit Sitz in Paderborn ist eine Tochter der Firma Siemens-Nixdorf und bietet ein mobiles Kassenterminal an, das den Namen Albert trägt. Albert erlaubt bargeldloses Bezahlen und ist mittlerweile sogar auf dem US-Markt angekommen.

3. Finanzcheck (Hamburg, 2010): Das Portal Finanzcheck erlaubt es seinen Nutzern, online die Konditionen von Ratenkrediten zu vergleichen. Da Finanzcheck hier als Makler auftritt, verdient es durch die ausgezahlten Provisionen der Banken, mit denen eine Partnerschaft eingegangen wurde. Finanzcheck wurde vor einigen Jahren von dem bekannten Portal Scout24 übernommen.

4. BillPay (Berlin, 2009): Billpay ist einer der führenden Online-Payment-Provider in Deutschland und lizenziert durch die BaFin. Billpay generiert Umsätze durch Provisionen und wurde im Frühjahr 2017 vom

Fintech-Giganten Klarna mit Sitz in Schweden übernommen.

5. Ratepay (Berlin, 2009): Auch der Anbieter von Online-Payment-Diensten Ratepay hat seinen Sitz in Berlin. Gegründet wurde es von einem Zusammenschluss verschiedener Internet- und Online-Dienstleister und übernimmt die komplette Abwicklung von Onlineeinkäufen sowie die Festlegung von Ratenzahlungen und Lastschriftverfahren.

6. Solarisbank (Berlin, 2016): Das Unternehmen Solarisbank ist eine Aktiengesellschaft und stammt ebenfalls aus Berlin. Die Firma ist im Besitz einer Vollbanklizenz der Bundesanstalt für Finanzdienstleistungsaufsicht. Solarisbank ist Betreiber einer Banking-as-a-Service-Plattform und ermöglicht es anderen Unternehmen sich an dieser anzubinden, auch wenn diese nicht im Besitz einer eigenen Banklizenz der BaFin sind.

7. Orderbird (Berlin, 2011): Die Fintech-Firma Orderbird, die ebenfalls ihren Sitz in Berlin hat, stellt ein eigenes Kassensystem für gastronomische Betriebe und die dazu benötigte Software zur Verfügung. Als Basis für die Umsetzung dieses Systems verwendet Orderbird das iPad von Apple.

8. Finleap (Berlin, 2014): Finleap gilt nicht nur als eigenes Fintech-Unternehmen sondern als Pulsgeber – oder auch Inkubator wie es die Fachpresse nennt – für neue Fintechs-Start-Ups. Das Berliner Unternehmen hat bereits eine Vielzahl von Fintechs zur Marktreife gebracht. Laut Homepage hat das Unternehmen bereits 17 (Stand 2020) Start-Ups mitbegründet. Finleap erbringt dabei verschiedenste Dienstleistungen für die unterschiedlichen Ventures und generiert so erfolgreich Umsatz.

9. Deposit Solutions (Hamburg, 2011): Die Firma Deposit Solutions ist mit einem virtuellen Einlage-Marktplatz auf dem Finanzmarkt etabliert. Auch etablierte

Banken haben den Erfolg erkannt und so stieg die Deutsche Bank in das Fintech mit ein. Umsatz wird auf der Basis von Lizenzen, Dienstleistungen und Support gemacht.

10. Creditshelf (Frankfurt am Main, 2014): Creditshelf ist Kreditgeber für kleine und mittlere Unternehmen. Dafür bezahlen die Kreditnehmer Gebühren an Creditshelf und somit folgt die Arbeitsweise einem bewährten und bekannten Konzept in Sachen Lending Fintech. Die Firma mit Sitz in Frankfurt am Main ist auch börsennotiert.

- Kapitel 10 -

FINTECH-UNTERNEHMEN: DAS IDEALE START-UP?

Fintech-Unternehmen, die den Markt für sich und ihre Idee erobern wollen, haben meist in der öffentlichen Wahrnehmung einige besondere Eigenschaften: Sie gelten gemeinhin als ausgesprochen innovativ, kreativ und blicken sprichwörtlich „über den Tellerrand“ der etablierten Finanzwelt und den dazugehörigen, verstaubt anmutenden Arbeitsweisen. Laut Medienberichten erreichen die Fintech-Unternehmen insbesondere in den USA Spitzenwerte in Sachen Leistung. Das soll durch ein außerordentlich hohes Maß an Harmonie am Arbeitsplatz und durch eine erstklassige Work-Life-Balance erreicht werden. American Banker, eine Fachzeitung für die Finanzbranche in den USA, beschrieb die Arbeitsbedingungen in einem New Yorker Fintech-Unternehmen als echtes Arbeitsidyll. So soll es freie Nachmittage geben, Happy Hours (für was auch immer) und Yoga-Stunden. Das soll für eine bessere Bindung und Stimmung innerhalb des Teams sorgen, Stress am Arbeitsplatz mindern und im Allgemeinen zu einer freundlicheren Atmosphäre und einem entspannten Betriebsklima führen. Sind die Mitarbeiter entspannt, soll das für erhöhte Produktivität und ein hohes Maß an Kreativität und Effizienz sorgen. Wer sich nun ärgert, nicht Mitarbeiter oder Gründer eines Fintech-Unternehmens zu sein, kann jedoch beruhigt sein. Das ist längst nicht überall so. Auch Fintech-Unternehmen sind nicht immer außerordentlich kreative Thinktanks, sondern längst in der knallharten Welt der Finanzindustrie angekommen. Amazon und PayPal sind längst Big Player, die den internationalen Markt erobert haben. So leicht ist es mit der Büroidylle also nicht. Dennoch wird dieser neuen Arbeitskultur eine hohe Chance in Sachen Wettbewerbsfähigkeit attestiert. Das enge Arbeiten im Team gilt als Zeichen für Beständigkeit. Dazu kommt die immerwährende „Klärung der Mission“. Also das permanente und wiederkehrende Abklopfen des Themas „Warum machen wir das hier und was wollen wir sein?“. Diese Form der Arbeitsweise soll einen größeren Fokus bei der tagtäglichen Arbeit generieren und sich auch im Umgang mit Kunden positiv auswirken.

Ein weiteres (vermeintliches) Vorurteil ist, dass es sich bei Fintech-Unternehmen um kleine Unternehmen handelt, die mit großen und cleveren Ideen den großen Bankhäusern auf die Füße treten wollen. Das stimmt nur bedingt. Natürlich steht diese „Mission" zwar durchaus im Fokus; generell aber ist ein wirtschaftliches Arbeiten der Kerngedanke. Außerdem sind Start-Ups nicht allein mit der Idee, die Finanzwelt für die Kunden zu vereinfachen. Selbstverständlich bringen auch etablierte Finanzdienstleister ihre eigene Tech auf den Markt. Denn nur ungern lassen diese sich wichtige Prozente bei den Marktanteilen durch Untätigkeit wegschnappen. Kreative Fintech-Anbieter haben zwar viele Freiheiten, aber unendlich sind diese nicht. Denn es sollte nicht vergessen werden: Wir sprechen hier immer noch über die Finanzbranche. Und die ist nicht umsonst in strengstem Maße reguliert. Es gilt eine Vielzahl von Richt- und Leitlinien, Regeln und Gesetze einzuhalten. In Deutschland stehen die Unternehmen zum Beispiel unter der permanenten Beobachtung der Bundesanstalt für Finanzdienstleistungsaufsicht, kurz BaFin, mit Sitz in Mainz und Frankfurt am Main.

- Kapitel 11 -

FINTECH ALS INVESTITIONSFELD – LOHNT SICH EIN ENGAGEMENT WIRKLICH?

Für Investoren bietet Fintech eine besonders interessante Möglichkeit, wenn es um Investitionen geht. Dass die Szene eine gewisse Attraktivität auf potentielle Kapitalgeber ausübt, belegen die Zahlen. Allein im Jahr 2019 wurden in etwa 1,3 Milliarden Euro an Risikokapital investiert. Diese Summe erklärt sich aus dem Erfolg der Branche. Fintech boomt nach wie vor und Finanzexperten sind sich einig, dass der gegenwärtige Erfolg nicht als temporärer Trend zu betrachten ist, sondern eher als Anfangsphase. Dennoch ist eine Investition keine Angelegenheit ohne Risiko. Denn auch für Finanzexperten ist es gegenwärtig nicht gewiss, wo die Reise hingeht. Fintech-Unternehmen befinden sich trotz des teilweise enormen Erfolges noch in einem wirtschaftlichen Anfangsstadium. Es gelang zwar einigen der deutschen

Fintech-Firmen, ihre Umsätze zu verdoppeln, aber im Umkehrschluss sind die Unternehmen einem hohen Konkurrenzdruck ausgesetzt. Fintech-Produkte, die heute mit Erfolg den Markt erobern, können morgen wieder überholt sein.

Dabei wird die hohe Bandbreite der Stabilität der einzelnen Unternehmen deutlich. Und diesbezüglich hat sich in den letzten drei bis vier Jahren die Sichtweise unter Investoren geändert. Wer würde schon einem Giganten wie PayPal zutrauen, in den nächsten Monaten pleite zu gehen? Die Bilanzen und Umsätze sprechen für den Erfolg der Unternehmen und somit werden auch Investitionen in Fintech-Firmen zunehmend interessanter. Jetzt können sich potentielle Investoren fragen: Ist es der richtige Weg, mühsam erwirtschaftetes Geld in diesen noch vergleichsweise jungen und wankelmütigen Wirtschaftszweig zu stecken? Ja, sagen Finanzexperten. Doch diese Aussage ist nicht als einheitlich positiv zu betrachten. Denn Fintech ist nicht gleich Fintech. So gilt es – anders als bei anderen Brachen – noch intensiver zu prüfen, was sich Start-Ups eigentlich für die Zukunft vorgenommen haben. Schließlich steht bei diesen Firmen immer die Kundenfreundlichkeit im Fokus; es soll den herkömmlichen Bankinstituten schließlich gehörig Konkurrenz gemacht werden. Für Investoren stellt sich daher die Frage der Beständigkeit. Sind kleinere Unternehmen, die heute noch boomen, in der Lage, neue Innovationen nachzulegen, um auch in Zukunft mit dem Wettbewerb Schritt halten zu können? Ein Faktor, der eine umfassende Prüfung im Vorfeld verlangt, bevor der nicht abgeneigte Investor wirklich die Geldbörse zückt und die Idee zu einer Beteiligung wirklich umsetzt.

Doch: Was ist das Patentrezept eines erfolgreichen Fintech-Unternehmens, um Investoren anzulocken? Zum einen sollte das Unternehmen in einer der vielen Tech-Nischen tätig sein, die Gewinne versprechen. Das ist zum Beispiel bei der Unterkategorie Paytech. In diesem Segment wird an eine große Summe potentieller Kunden gelangt. Es besteht seitens der Nutzer ein großes Interesse, Überweisungen und dergleichen einfach per Mausklick oder Smartphone-App zu tätigen. Außerdem bietet dies nicht nur vereinfachte Lösungen für private Kunden, sondern auch für Firmenkunden.

Bei allen Erfolgen lässt sich bei den Investoren dennoch eine Hemmschwelle feststellen. Fintech-Unternehmen gelten, wie bereits gesehen, als kreative Thinktanks in einem schnelllebigen Feld mit enorm hartem Druck durch immer neue Konkurrenten auf dem Markt. Produkte, die heute noch einen echten Hype auslösen, müssen zukunftsfähig bleiben, um auch weiterhin für Erfolg zu sorgen. In der sich rasant entwickelnden Branche mutet es an, dass manche Start-Ups diese Punkte übersehen könnten. Das schreckt unter Umständen ab. Gleichzeitig kann das für Investoren eine absolut große Chance sein. Ein erfahrener Investor kann von der Idee des Start-Ups profitieren – aber ebenso gilt dies auch für das Unternehmen selbst. So können kleine Firmen mit den richtigen Mechanismen und unternehmerischem Eifer zu Höchstleistungen gebracht werden. Der wichtige Punkt: Einem Start-Up muss der Übergang von der Innovation zur Organisation gelingen. Mit dem richtigen Know-How ist das möglich. Aber nicht alle Start-Ups eignen sich dafür oder haben überhaupt die Ambition, aus ihrem bisherigen marktwirtschaftlichen Muster auszubrechen und den Schritt in eine Expansion zu gehen.

Nach eingehender Prüfung kann eine Investition in ein Fintech-Unternehmen sinnvoll und gewinnbringend sein. Ein Patentrezept zum Erfolg gibt es jedoch nicht. Der Drang und das Interesse, in Fintech-Unternehmen zu investieren, ist auch heute schon vorhanden, dennoch sollten Investoren auf die bestehenden Strukturen achten und Entscheidungen sorgfältig abwägen.

- Kapitel 12 -

FINTECH ALS GEFAHR FÜR DIE BANKENWELT

In unserer Reise durch die Geschichte der Finanztechnologie haben wir im Detail zwei Aspekte intensiv betrachtet: Da ist zunächst die lange und historisch gewachsene Evolution des Bankenwesens und der rasanten Aufstieg neuer, smarter Fintech-Unternehmen. Beide sind auf dem Markt etabliert und buhlen um die Gunst der Kunden. Es scheint, als hätten die Anbieter von PayTech und LendingTech den Zahn der Zeit getroffen. Heute sind vielfältige Finanzgeschäfte ganz leicht ohne Kundenberater und persönlicher Beratung möglich. Doch was bedeutet das für die Banken?

Die Antwort ist simpel: Eine große Gefahr, verbunden mit massiven Umsatzeinbrüchen. Und nachfolgend möchten wir uns die Gründe, die vielfältiger kaum ausfallen könnten, genauer ansehen:

1. FinTech ist simpel

Wie bereits erwähnt, nutzt der größte Teil der Menschen im weltweiten Durchschnitt noch die angebotenen Services der Banken, wenn es um die milliardenschwere Sparte der Remittance, also der Überweisung, geht. Wir haben aber auch festgestellt, dass die Vormachtstellung der Banken in diesem Bereich in naher Zukunft der Vergangenheit angehören könnte. Die Verwendung von PayPal, Google Pay und Apple Pay ist um Längen bequemer als die Überweisung am Terminal. Das passende Werkzeug dazu ist weit verbreitet: Fast jeder hat ein Smartphone, ein Tablet, einen Laptop, oder einen PC. Die Infrastruktur für den Siegeszug der Fintechs ist also bereits nahezu flächendeckend vorhanden. Die Bank in der Hosentasche führt schon heute praktisch jeder mit sich. Und das immer und überall.

2. Die Banken arbeiten kompliziert

Die heutigen Arbeitsweisen von Banken sind solide, das steht außer Frage. Aber auch unglaublich kompliziert und wenig benutzerorientiert. Fintech-Anbieter bieten eine Bandbreite verschiedener Services auf einen Blick. Transparente Kontenführung mit klarer Kategorisierung von Ein- und Ausgaben, statistische

Auswertungsmöglichkeiten, Archivierung von Rechnungen und vielen weiteren Aspekten. Umfassende Visualisierungsmöglichkeiten, die im Idealfall unter der Benutzung von Apps realisiert werden, erlauben dem Nutzer deutlich mehr Einblicke und Freiheiten in der persönlichen Kontenführung, als es eine Bank derzeit leisten könnte. Ein weiteres Beispiel ist die Kreditvergabe: Während bei den Geldinstituten umfassende Prüfungen der Kreditwürdigkeit notwendig sind, können die Kunden bei Fintechs diese Hürden umgehen.

3. Die Banken sind spät dran

Fest steht, dass die Banken die heutige Finanzwelt prägen und mit Innovationen schon immer geprägt haben. Blicken wir zurück auf die finanzgeschichtlichen Aspekte und Meilensteine, fällt jedoch auf, dass dies kaum in kurzen Zeiträumen geschah. Manche Ideen brauchten Jahrzehnte, um sich durchzusetzen. Waren sie erst einmal etabliert, waren sie auch oft gleich wieder in der Versenkung verschwunden. So zum Beispiel bei den Euroschecks: Kaum hatten sich die damit verbundenen Erleichterungen der finanziellen Abwicklung in der breiteren Masse durchgesetzt, waren sie schon wieder überholt. Zurück bleibt der Eindruck, dass die Banken stets hinterher hängen. So auch beim Online-Banking. Bankeigene Werkzeuge wie Portale zur digitalen Überweisung werden als Neuerungen angepriesen, obwohl nicht wenige Fintech-Unternehmen diese Form von Service bereits anbieten. Und dies nicht selten seit vielen Jahren.

4. Banken besitzen eine veraltete Unternehmensstruktur

Nicht nur die Dienstleistungen der Banken hinken bei der Verfügbarkeit hinterher. Die gesamte Unternehmensstruktur der Banken wird den Anforderungen der Kunden nicht mehr gerecht. Banken müssen für die Verfügbarkeit ein relativ dichtes Filialnetz bereitstellen. Und das verursacht Kosten für Personal, Technik, Miete und vielem mehr. Diese Ausgaben müssen Fintechs nicht stemmen. Ist die App einmal programmiert, sind die Kosten verschwindend gering und auch bei geringerem Umsatz steigt die Gewinnmarge. Letztendlich hat jeder Kunde die eigene Bank auf dem Smartphone sogar mobil immer mit dabei. Selbst dann, wenn Kunden die Dienstleistungen der Bank nach wie vor vorziehen, wäre da noch der Punkt der realen Verfügbarkeit. Aufgrund der hohen Unterhaltungskosten werden immer mehr Bankfilialen geschlossen oder Dienstzeiten werden drastisch reduziert. Ein Zeichen dafür ist – gerade in Deutschland – die Wiedereinführung von Schließzeiten um die Mittagszeit. Was bringt es also dem Kunden, der zwar eine Dienstleistung nutzen möchte, dafür aber Wartezeiten oder lange Anfahrtswege zur nächsten Filiale in Kauf nehmen muss? Eine kostspielige und veraltete IT-Infrastruktur innerhalb der Banken tun hier ihr Übriges dazu.

5. Banken verlieren ihre Alleinstellungsmerkmale

Die etablierten Banken stehen unter strenger staatlicher Aufsicht. In Deutschland überwacht die BaFin (Bundesanstalt für Finanzdienstleistung) alle Geschäfte. Eine Vielzahl von Finanzdienstleistungen, Investitionen und Bankgeschäften ist nur dann in vollem Umfang möglich, wenn eine Lizenz der BaFin vorliegt. Die Ausgabe der Lizenzen war bisher den Banken vorbehalten. Nun ist in zunehmenden Maße der Trend zu beobachten, dass auch Fintech-Unternehmen solche Banklizenzen erhalten. Somit rücken die Fintechs in ihrem Angebotsportfolio zu den Banken auf und generieren zusätzlichen Druck durch erweiterte Angebote, die jahrelang den Banken vorbehalten waren.

Somit steht fest: Mit den Fintech-Unternehmen und deren smarten Lösung für die Abwicklung privater Transaktionsgeschäfte haben die Banken einen gewaltigen Konkurrenten bekommen. Jetzt stehen die Banken vor zwei großen Herausforderungen. Zunächst ist dies das reine „Schritthalten“. Auch die Geldinstitute bringen ihre Apps auf den Markt, Online-Banking ist seit vielen Jahren möglich. Angesichts des stetig wachsenden Drucks muss aber auch betont werden, dass smarte Dienstleistungen seitens der Banken reichlich spät eingeführt wurden. Heute ist es leicht möglich, zum Beispiel online Kleinkredite aufzunehmen – auch bei der Hausbank. Aber die Bonitätsprüfung findet selbstverständlich eben auch auf diesem Weg statt. Auch bei der Durchführung konnten die Banken noch nicht auf einen Nenner mit der neuen Konkurrenz kommen. Ein Beispiel dafür ist die Handhabung von PayPal, wenn Überweisungen getätigt werden sollen. Als Konkurrenz bringen die Banken TAN-Generatoren an die Kunden, die im Vergleich mit Apps in puncto Benutzerfreundlichkeit kaum mithalten können.

Der andere Punkt ist das „Reagieren“. Wie wir gesehen haben, waren die bisherigen Maßnahmen der Banken lediglich dafür geeignet, nicht vollständig abgehängt zu werden. Nun brauchen die Banken wieder knackige Ideen, die bisher nicht wirklich vorhanden sind. Alle Neuerungen wirken wie „alter Wein in neuen Schläuchen“, also eine Dienstleistung, die eigentlich schon da ist, nur in neuem Design zu verkaufen. Ordentliche Zinsen bei Sparguthaben können Banken kaum mehr anbieten. Der wirkliche Nutzen von Anlagemodellen wie dem guten alten Sparbuch wirkt in Zeiten von geringen Vorteilen oder sogar Negativzinsen auf den Kunden mehr als befremdlich. So erscheint die einzige Möglichkeit, auf den Vertrauensaspekt zu setzen. Getreu dem Motto: Ihr Geld ist bei uns sicher. Und dieser Slogan ist wahrhaftig keine neue Erfindung, sondern durchaus von vorgestern.

- Kapitel 13 -

FAZIT: WARUM FINTECH DAS ENDE DER BANKEN SEIN KÖNNTE

Zugegeben: Die Überschrift täuscht ein wenig. Vielmehr müsste es heißen „Warum Fintech das Ende der Banken sein könnte, wie wir sie heute kennen, aber nicht jedes einzelne Fintech dazu führen wird“. So zumindest in Bezug auf die konkreten Angebote, die sich heutzutage denjenigen bieten, die an der digitalen Verwaltung ihre Finanzen überhaupt interessiert sind. Dass die Banken längst erkannt haben, dass neue, junge und digitale Finanzdienstleister ihnen die Kunden streitig machen, ist natürlich vollkommen klar. Nun stellt sich die alles entscheidende Frage: Wie werden die Banken zukünftig reagieren? Mit den durch die zahlreichen Fintech-Unternehmen angebotenen alternativen Formen der Kreditvergabe beispielsweise wird das herkömmliche System des Geldverleihens für den Kunden immer unattraktiver. Im Gegenzug versprechen die Banken jedoch eines: Sicherheit. Und hier haben die Banken bei den Kunden noch einen deutlichen Stein im Brett. Der persönliche Ansprechpartner ist nach wie vor vielen Menschen wichtig. Auch im Bereich Versicherungen wird eine Vertrauensbasis von Mensch zu Mensch weiterhin geschätzt.

Die Arbeitsweisen von Fintech-Unternehmen fußen oft auf guten Ideen und innovativen, unkomplizierten Methoden. Insbesondere im Bereich der Lending Fintechs werden dem Nutzer umfassende Möglichkeiten eingeräumt. So können auch Personen, die auf der „Schwarzen Liste der Kreditunwürdigen" – der Schufa nämlich – stehen, sich hier finanzielle Unterstützung suchen und beziehen. Gleichermaßen resultiert daraus ein Punkt für die Banken: Das Verleihen seines eigenen privaten Vermögens ist mit einem Risiko verbunden. Und somit einer Gefahr, die bei den Banken nicht gegeben ist. Dennoch bieten die privaten Verleihplattformen im Internet eine niemals da gewesene und innovative Option. Gleiches gilt selbstverständlich auch für die Angebote in Sachen Paytech, die ebenfalls ein Kernfeld der Banken darstellt. Nämlich dem Überweisen von Geld, die den Banken meistens durch eine erhobene Gebühr etwas Geld in die Kasse spült. Machen das viele, kommen hübsche Summen und ordentliche Umsätze zusammen. Großes Problem: Mittlerweile müssen sich die Banken nicht nur um die Mitbewerber in der großen Welt der Bankhäuser scheren, sondern auch um kleine Start-Ups aus dem Mini-Büro mit überschaubaren Teams aber gigantischen Ideen und großem technischen Know-How. Diese Firmen punkten nicht nur mit besonderen digitalen Lösungen, sondern auch mit einem ausdrücklichen Idealismus. So möchte sie sich nicht nur ein großes Stück vom Kuchen der schier unendlichen Möglichkeit sichern, am Kapitalmarkt Gewinn zu machen. Gezielt möchten diese auch den großen Banken den Kampf ansagen.

Das trifft gerade in Zeiten von Finanz- und Bankenkrisen, zum Beispiel im Jahr 2008, den Geschmack vieler. Und da wir immer noch – oder besser gesagt trotz der diversen Krisen – mit Geld im eigentlichen Sinne arbeiten, umgehen und schlicht davon abhängig sind, erfreuen sich smarte Apps und Homepages einer steigenden Beliebtheit. Der Grund: Es suggeriert dem Nutzer mehr Transparenz und Freiheiten.

Kommen wir noch einmal zur Eingangsfrage zurück: Ist Fintech also der Niedergang der Banken? Sagen wir es so: Es wäre für die Fintech-Unternehmen schlecht, wenn es nicht so wäre. Denn diese Digitalfirmen haben der konservativen Finanzwelt ganz klar den Kampf angesagt. Wir haben nun viele Formen von Fintech betrachtet, darunter Top-Unternehmen, aber auch gescheiterte Projekte. Es kommt also ganz darauf an, mit welchen Ideen und Innovationen die Fintechs an den Start gehen. Mittlerweile gibt es eine schier unüberschaubare Zahl von Start-Ups, von der ein großer Teil wieder krachend in der Bedeutungslosigkeit verschwinden wird. Das ist eine ziemliche Gewissheit und so realistisch müssen wir nun einmal sein. Längst nicht jede Fintech bringt die sprichwörtliche Lizenz zum Gelddrucken mit sich. Zudem kommt es ganz auf die Sparte an.

Wie erwähnt, punkten Banken noch mit der Gewissheit von Sicherheit, Vertrauen und einem persönlichen Ansprechpartner. Es ist jedoch so, dass diese verschiedenen Punkte den Kunden je nach Sparte mehr oder weniger wichtig sind. Viele erfolgreiche Fintechs arbeiten in der Sparte Paytech. In Bezug auf die Ansprechpartner ist das ein Punkt für die Fintechs. Denn zum Tätigen einer Überweisung ist schon bei der normalen Bank kein Berater notwendig. Eine digitale

Überweisung ist ziemlich üblich. Wie sieht es aber beim Hauskauf oder dem Buchen einer Reise aus? Nicht schlecht, aber das Umfeld ist ein anderes. Viele Menschen schätzen bei diesen großen Anschaffungen den persönlichen Kontakt. Auch wenn die Erfolgsquote je nach Fintech-Sparte variiert, ist eines schon sicher. Fintech ist angekommen, erfolgreich und wird unsere Finanzwelt noch gewaltig verändern.

Somit gilt für nicht wenige Fachleute der Finanzwelt der unaufhaltsame Aufstieg aller Variationen von Fintech als echte Revolution. Der Antrieb, der etablierten Bankenwelt etwas Neues, Frisches und Innovatives entgegenzusetzen, hat im Selbstverständnis der Fintechs mehr als Symbolcharakter. Nicht umsonst führt die bereits erwähnte Studie „The Fintech100" den Grad der Disruption als Kriterium der Bewertung auf. In diesem Zusammenhang bedeutet „Disruption" nichts anderes, als den Grad der „Aufruhr" den ein jedes Fintech-Unternehmen in der Finanzwelt verursacht. Anschaulich wird das auch an der deutschen Bedeutung von „Disruption", das im Großen und Ganzen mit „Störung" übersetzt werden kann.

Wir haben aber auch von einem anderen Aspekt erfahren: Finanztechnologie gab es schon immer. Und der Einschlag war auch schon immer enorm. Die neuen Möglichkeiten verändern unseren Alltag, sie wirken sich darauf aus, wie wir mit Geld umgehen und was wir wann wo einkaufen und vor allem wie. Paytech macht den Geldschein überflüssig, eine Plastikkarte die Münze. Für den Nutzer bringt das viele Vorteile. Denn bei mancher alteingesessenen Bank ist allein das reine Wechseln von Geld mittlerweile bereits gebührenpflichtig. Und sogar das gute alte Sparbuch hat dank Fintech Konkurrenz bekommen, denn auch Kryptowährungen wie Bitcoin sind digitale Geldspeicher. Am Schluss ist es auch letztendlich der alles entscheidende Punkt, der die Motivation hinter vielen Fintech-Start-Ups erklärt: Mit gemeinsamen Ideen und Innovationen die Finanzwelt ganz gehörig durcheinanderbringen.

Doch der revolutionäre Charakter hat auch noch andere Aspekte. Erstmals in der Geschichte kommt dank den Fintechs einer Finanzinnovation ein digitaler Sozialaspekt zu: Sie können als Privatperson einem anderen Menschen unkompliziert Geld leihen. Egal, wo derjenige auch seinen Wohnort hat: Eine Kommunikation in Echtzeit ist immer und überall möglich. Und auch die Bonität spielt nicht mehr die alles entscheidende Rolle. Das steht ganz im Gegensatz zu den normalen Arbeitsweisen der Banken. Denn: Keine Bonität, kein Kredit. Beim Lending über Fintech stehen ganz andere Aspekte im Mittelpunkt, wie zum Beispiel der persönliche Kontakt, Vertrauen oder die Begeisterung für eine gemeinsame Idee.

HAT IHNEN MEIN BUCH GEFALLEN?

Sie haben mein Buch gelesen und haben jetzt einen tiefen Einblick über die aktuelle Situation der Fintechs bekommen. Und genau deshalb bitte ich Sie jetzt um einen kleinen Gefallen. Rezensionen sind bei Amazon ein wichtiger Bestandteil von jedem angebotenen Produkt. Es ist mit das Erste, worauf Kunden schauen und nicht selten geben die Rezensionen später den entscheidenden Ausschlag, ein Produkt zu kaufen oder nicht. Gerade bei der endlos großen Auswahl von Amazon wird dieser Faktor immer wichtiger.

Wenn Ihnen mein Buch gefallen hat, wäre ich Ihnen mehr als dankbar, wenn Sie mir eine Bewertung hinterlassen. Wie Sie das machen? Klicken Sie einfach auf meiner Amazon Produktseite auf folgenden Button:

Dieses Produkt bewerten

Sagen Sie Ihre Meinung zu diesem Artikel

Kundenrezension verfassen

Schreiben Sie einfach kurz, was Ihnen ganz besonders gut gefallen hat. Es dauert nicht länger als ein paar Minuten, versprochen!

Sie können sich sicher sein, dass ich persönlich jede Rezension lese, denn es hilft mir sehr stark dabei, meine Bücher noch besser zu machen und sie genau an Ihre Wünsche anzupassen.

Daher sage ich Ihnen:

HERZLICHEN DANK!

Ihr Constantin Schäfer

QUELLENANGABEN

Alvin Toffler, Die dritte Welle, Zukunftschance. Perspektiven für die Gesellschaft des 21. Jahrhunderts. (Übers., The third wave 1980), München 1983: Goldmann, ISBN 3-442-11350-4.

FinTech: the technology driving disruption in the financial services industry, von Arjunwadkar, Parag Y, 2018

FinTech: Grundlagen - Regulierung - Finanzierung - Case Studies, hrsg. von Schaffelhuber, Kai A. ¬[Herausgeber] Kunschke, Dennis ¬[Herausgeber], unter Beteiligung von Bachmann, Elena ¬[Verfasser], 2018

Fintech, von International Monetary Fund, World Bank, 27.06.2019

FinTech: Herausforderungen bei der Regulierung digitaler Geschäftsmodelle anhand von Gestaltungen aus dem Wertpapierbereich, 1. Auflage, von Nathmann, Marc, 2019

Inclusive fintech: blockchain, cryptocurrency and ICO, von Lee, David Kuo Chuen Low, Linda, 2018

FinTech revolution: universal inclusion in the new financial ecosystemm, von Blakstad, Sofie Allen, Robert, 2018

Disruptive fintech: the coming wave of innovation in financial services with thought leadership provided by CEOs, von Deitch, James, 2020

Fintechs: Digital Geld anlegen - Robo-Advisors, Crowfunding, Kryptowährungen, Banking-Apps & Co. - Vor- und Nachteile - Risiken vermeiden I Von Stiftung Warentest, von Loipfinger, Stefan Berndt, Dr. Dr. Susanna, 2019

The Financial Services Guide to Fintech: Driving Banking Innovation Through Effective Partnerships, von Mohan, Devie, 2020

A global guide to fintech and future payment trends, von Goldfinch, Peter, 2019

Fintech and the remaking of financial institutions, von Hill, John, 2018

FinTechs: Disruptive Geschäftsmodelle Im Finanzsektor, von Tiberius, Victor Rasche, Christoph, 2017

Fintech founders: inspiring tales from the entrepreneurs that are changing finance, von Rubini, Augustin, 2020

The digital banking revolution: how fintech companies are transforming the retail banking industry through disruptive financial innovation, 3rd edition, von Wewege, Luigi Thomsett, Michael C, 2020

The future of finance: the impact of FinTech, AI, and crypto on financial services, von Arslanian, Henri Fischer, Fabrice, 2019

FinTech, BigTech, and the future of banks, von Stulz, René M, 2019

https://de.statista.com/themen/108/kreditkarten/#:~:text=Im%20Jahr%202015%20wurden%20in,ist%20allerdings%20in%20Deutschland%20ausbauf%C3%A4hig

https://www.bloomberg.com/news/articles/2015-06-18/robo-advisers-to-run-2-trillion-by-2020-if-this-model-is-right

www.zopa.com

https://www.americanbanker.com/news/how-the-best-fintech-firms-to-work-for-get-peak-performance-from-employees

https://www.investopedia.com/terms/r/roboadvisor-roboadviser.asp

https://www.test.de/Smava-und-Auxmoney-Privatkredite-im-Internet-4540421-0/

https://www.economist.com/schumpeter/2013/01/05/peer-review

https://www.kiva.org/about/impact

https://www.marktforschung.de/aktuelles/marktforschung/p2p-kredit-plattformen-weiter-auf-expansionskurs/

https://pressroom.vanguard.com/news/Vanguard_Introduces_Personal_Advisor_Services_Lowers_Minimum.html

http://www.fondsprofessionell.de

https://www.kickstarter.com/press?ref=hello

https://www.kickstarter.com/help/handbook/funding?lang=de

https://www.derstandard.de/story/2000112036988/groesstes-kickstarter-debakel-coolest-cooler-laesst-20-000-unterstuetzer-leer

https://de.statista.com/prognosen/884117/fintech-transaktionsvolumen-personal-finance-in-deutschland

https://blogs.worldbank.org/psd/how-digital-remittances-can-help-drive-sustainable-development

https://publicpolicy.paypal-corp.com/sites/default/files/policy/PayPal-Policy-Paper_Digital-Remittances.pdf

https://www.gruender.de/paypal-alternativen/

https://www.handelsblatt.com/finanzen/anlagestrategie/trends/fintechs-110-millionen-versus-1300-milliarden-euro/13004244-2.html?ticket=ST-7052961-vUK2WG4SFIbAo1E4upNd-ap5

https://wirtschaftslexikon.gabler.de/definition/robo-advisor-54214

https://www.finance-magazin.de/deals/private-equity-private-debt/fintechs-sind-reif-fuer-private-equity-1381501/

https://thefintechtimes.com/private-equity-fintech-success/#:~:text=%20How%20Private%20Equity%20Can%20Drive%20Fintech%20Success,keen%20to%20identify%20high%20growth%2C%20innovative...%20More%20

https://home.kpmg/xx/en/home/insights/2019/11/2019-fintech100-leading-global-fintech-innovators-fs.html

https://h2.vc/f100/#page_holder

https://h2.vc/wp-content/uploads/2020/02/2019Fintech100.pdf

https://uk.reuters.com/article/uk-britain-banking-oaknorth-idUKKBN0M50XC20150309

https://www.etf-nachrichten.de/ant-financial-alles-ueber-den-baldigen-ipo-des-wertvollsten-einhorns-der-welt/

https://www.best-practice-business.de/traveltech-Start-Ups/

https://www.fondsprofessionell.de/news/unternehmen/headline/nachgerechnet-das-sind-die-zehn-groessten-deutschen-fintechs-192686/newsbild/2/

https://www.finleap.com/

https://www.bbva.com/en/the-continued-relevance-of-bbva-usas-5-year-strategic-plan/

http://www.wmd-brokerchannel.de/bc/itemshowone.php4?id=96971

https://www.msg-life.com/blog/rethinking-insurance/chinesischer-online-versicherer-auf-der-ueberholspur/

https://www.alliedmarketresearch.com/request-sample/3948

IMPRESSUM

1. Auflage

 Herausgeber: GbR, Martin Seidel und Corinna Krupp, Bachstraße 37, 53498 Bad Breisig, email: info@expertengruppeverlag.de, Coverfoto: www.depositphoto.com. Sämtliche hier dargestellten Inhalte dienen ausschließlich der neutralen Information. Sie stellen keinerlei Empfehlung oder Bewerbung der beschriebenen oder erwähnten Methoden dar. Dieses Buch erhebt weder einen Anspruch auf Vollständigkeit, noch kann die Aktualität und Richtigkeit der hier dargebotenen Informationen garantiert werden. Der Autor und die Herausgeber übernehmen keine Haftung für Unannehmlichkeiten oder Schäden, die sich aus der Anwendung der hier dargestellten Information ergeben.

Printed in Poland
by Amazon Fulfillment
Poland Sp. z o.o., Wrocław

83954597R00101